W0235996

JAKOB BÖHME

Das
Fünklein
Mensch

JAKOB BÖHME

Das Fünklein Mensch

AUSGEWÄHLTE TEXTE

herausgegeben
und meditativ erschlossen von
José Sánchez de Murillo

KÖSEL

ISBN 3-466-20425-9

© 1997 by Kösel-Verlag GmbH & Co., München
Printed in Germany. Alle Rechte vorbehalten
Druck und Bindung: EBNER ULM
Umschlag: Elisabeth Petersen, München
Umschlagmotiv: © Mauritius Bildagentur, Mittenwald
1 2 3 4 · 00 99 98 97

Gedruckt auf umweltfreundlich hergestelltem Werkdruckpapier
(säurefrei und chlorfrei gebleicht)

INHALT

EINLEITUNG 9

Die Biographie 10

Das Phänomen 47

AUSGEWÄHLTE TEXTE 65

1 Aurora 68
   Morgenröte im Aufgang

2 De signatura rerum 72
   Von der Geburt und Bezeichnung aller Wesen

3 Mysterium Magnum 77

4 Der Ungrund 82
   Die Geburt Gottes

5 Armut und Demut 87

6 Sehnsucht 93

7 Empfindsamkeit 99

8 Leib und Sinne 108

9 Das Gemüt 115

10 Gestalten der ewigen Natur 123

11 Erste Gestalt: Begierde oder Einfassen 131
12 Zweite Gestalt: Scienz, Ziehen oder Stachel 138
13 Dritte Gestalt: Angst 146
14 Vierte Gestalt: Feuer 153
15 Fünfte Gestalt: Licht, Liebe 165
16 Sechste Gestalt: Schall, Hall, Wort 172
17 Siebte Gestalt: Wesen, Gehäuse 176
18 Das göttliche Kind 180

ANHANG 187

Glossar 187
Zeittafel 201
Literaturauswahl 206
Anmerkungen 210

Die Zeit ist da, und nicht verborgen
Soll das Mysterium mehr sein.
In diesem Buche bricht der Morgen
Gewaltig in die Zeit hinein.

Verkündiger der Morgenröte,
Des Friedens Bote sollst du sein,
Sanft wie die Luft in Harf' und Flöte
Hauch' ich dir meinen Atem ein.

Du wirst das Reich verkünden,
Das tausend Jahre soll bestehen;
Wirst überschwenglich Wesen finden
Und Jakob Böhmen wiedersehen.

(Novalis an Tieck, um 1800)

»Die Grundidee bei ihm
(dem ersten deutschen Philosophen)
ist das Streben,
alles in einer absoluten Einheit
zu erhalten –
die absolute göttliche Einheit.«

*(Hegel, Vorlesungen über die
Geschichte der Philosophie. 1817)*

EINLEITUNG

Jeder Mensch ist Individuum und zugleich Mitglied einer Gemeinschaft. So verläuft seine Geschichte gleichzeitig in zwei Dimensionen: der seines persönlichen Lebens und der seines gesellschaftlichen Daseins. Wollen wir Einblick in die Bedeutung einer menschlichen Existenz erhalten, müssen wir beide Ebenen vor Augen haben. Sie bedingen sich gegenseitig. Der geschichtliche Horizont erlaubt uns, den biographischen Verlauf zu erörtern. Der individuell-einmalige Prozeß wirkt verändernd – wie unmerklich auch immer – auf das epochale Geschehen zurück. Aus dieser Wechselbeziehung kann die höhere Bedeutung eines Phänomens, wie es das Leben und Werk Jakob Böhmes ist, aufgehen.

Die Biographie

1
Der geschichtliche Horizont

Martin Luthers Reformation (1517) ist eines der entscheidendsten Ereignisse in der Geschichte des Abendlandes. Bisherige politische und religiöse Veränderungen hatten im Rahmen eines festgelegten Weltbildes stattgefunden, das im Wesentlichen seit den Anfängen der griechischen Philosophie unangetastet geblieben war. Durch Luther wurden die Grundlagen dieses Systems erschüttert.

In der Mitte der lutherischen Revolution steht eine Grunderfahrung, die sich in zwei Momente fassen lässt: die Schwachheit des Menschen und seine Weigerung, diese zu akzeptieren. Die Theologie sprach dem Menschen die Möglichkeit zu, das Heil durch eigene Werke, durch Ablass mitzubewirken. Dem entsprach das Bild eines Gottes, der diejenigen bestraft, die dem nicht folgen. Darin bestand die »Gerechtigkeit Gottes«, die Luther unerträglich wurde.»Ich hasste dieses Wort ›Gerechtigkeit Gottes‹«, schrieb er in der Vorrede zu der Gesamtausgabe seiner lateinischen Werke, 1545.

Das Unchristliche dieser Auffassung wurde Luther zu einer Evidenz. Das Lehrgebäude brach wie ein Kartenhaus zusammen, aus dessen Trümmern das groteske Bild einer epochalen Verzerrung aller Werte stieg. Für Luther die wichtigste Sache – das Heil der Menschen – wurde mit Geld abgehandelt. Die Theologieprofessoren taten das Gegenteil von dem, was sie lehrten. In den Klöstern wurde Askese vorgetäuscht, doch in Wirklichkeit üppig gelebt.

Wie sollte eine derart korrupte Kirche weiterhin als christlich gelten? Als Luther beim Studium des Römerbriefes »die Gerechtigkeit Gottes als eine Gerechtigkeit« aufging, »durch die der Gerechte als durch Gottes Geschenk lebt, also aus Glauben« (vgl. 1, 17), begann für ihn ein neues Leben. Er hatte den Gott der Liebe entdeckt.

Im Gegensatz zur angstmachenden Theologie, die Frömmigkeit zum Handeltreiben herabwürdigte und der Kirchenführung ermöglichte, ihr Machtstreben obenanzusetzen, hatte Luther das Bild eines barmherzigen Gottes gewonnen. Diese Gotteserfahrung befreite ihn zunächst. Barmherzigkeit und Gerechtigkeit enthüllten sich ihm als die zwei Seiten des neuen Gottes, der in der Person Christi für alle Menschen geboren wurde und gestorben ist: *sola gratia,* allein aus Gnade schenkt Gott seine Gerechtigkeit; *sola fide,* allein im Glauben und durch ihn wird der Mensch gerecht. Seine eigenen Leistungen sind für das Seelenheil ohne Bedeutung. Auf einmal erschien dem Mönch Luther die durch die Gelübde praktizierte Selbstkasteiung unchristlich, lebensfeindlich und sinnlos.

Nicht nur die Infragestellung der Machtstrukturen der römischen Kirche, auch die Wiederentdeckung der Grundwerte des Lebens als Verwirklichungsort des eigentlich Christlichen sind der Reformation zu verdanken. Das Ja zum Werk des Fleisch gewordenen Gottes besagt in erster Linie ein uneingeschränktes Ja zur körperlichen Liebe. Folglich ging Luther die institutionalisierte Heuchelei eines Zölibats auf, den alle predigten, aber kaum jemand praktizierte, und sein durch lebensfeindliche Vorschriften gequältes Verhältnis zur Sexualität wurde von Grund auf erhellt.

Martin Luther wünschte die Umkehr der Kirche zu ihrem Ursprung. Dies konnte er nicht bewirken. Seine Reformbemühungen zeitigten im Gegenteil die Spaltung der Christenheit. Aber der epochale Geist, aus dem seine Reformation hervorging, war trotz aller Gegenwirkungen unaufhaltsam.

Luthers neuem Gottesbild entsprach die Umkehrung des Weltbildes durch astronomische Entdeckungen, die den Grund für die modernen Naturwissenschaften legten. Kopernikus, Kepler und Galileo Galilei sind Hauptträger des neuen Geistes. Die Tradition wird in Frage gestellt, die Wissenschaft als Forschungsaufgabe aufgefasst. Man sieht die Erde nicht mehr als Mittelpunkt des Alls, sondern als Teil eines Systems, das nur auf Grund von Kategorien wie Maß, Zahl und Gewicht erhellt werden kann. Diese Haltung wurde durch die Loslösung der Wissenschaft von der Religion möglich. Kepler und vor allem Galilei vollzogen bewusst diese Trennung. Die Heilige Schrift als religiöses Buch darf also nicht für die Lösung von wissenschaftlichen Problemen herangezogen werden. Die Wissenschaft ist nicht für Glaubensfragen zuständig; sie hat zur Dimension des Geheimnisses keinen Zugang.

Doch die Entwicklung verlief unglücklich. Die Tatsache, dass die Erde nicht Mittelpunkt des Weltalls ist, führte keineswegs zur Einsicht in den dienenden Charakter des menschlichen Daseins, sondern zur Übertreibung seiner Autonomie. Die Unterscheidung zwischen Vernunft und Glauben führte nicht zu einer neuen Form der Zusammenarbeit, sondern zu einem Gegensatz, der in der französischen Revolution ihren Höhepunkt erreichte.

Für diese Missverständnisse war die philosophische Entwicklung mitverantwortlich. Fasste etwa Paracelsus (1493-1541) das Misstrauen gegenüber der Autorität der Alten als Umkehr zum Ursprung auf, um die Stimme der Natur wieder zu hören, so besagen hundert Jahre später die gleichen Worte bei Descartes (1596-1650) das Gegenteil: Der Mensch hört nur auf sein Denken, kapselt sich von seinem natürlichen Ursprung ab.[1]

Beide Seiten trugen zu dieser einseitigen Entwicklung bei: Die Kirche erkannte die Trennung von Bibel und wissenschaftlicher Forschung nicht an, die Wissenschaft beanspruchte immer entschiedener die absolute Herrschaft. Die Urheber der modernen Naturwissenschaft waren jedoch von einer entgegengesetzten Bewusstseinshaltung ausgegangen. Keplers astronomisches Forschen etwa beruhte auf der religiösen Überzeugung, dass die errechenbare

Dimension der Natur die Erscheinungsform eines Geheimnisses ist, das der forschende Mensch nie aus dem Auge verlieren darf. In diesem Sinne sah er als Ziel der Wissenschaft die Wiederherstellung der Harmonie zwischen Gott und Mensch, Mensch und Natur, Kirche und Staat.[2] Die aufgezeigte Grundhaltung finden wir in vielen Bewegungen. So etwa im Hochmittelalter bei dem Abt Joachim von Fiore aus Kalabrien (1130-1202), der das Durchbrechen einer von der Liebe her gestalteten Gesellschaft als Reich des Heiligen Geistes bezeichnete. Im 17. Jahrhundert erscheint sie in der Erneuerungsbewegung, die im Zeichen des Rosenkreuzes antrat. Sie beruft sich auf die historisch nicht fassbare Gestalt von Christian Rosenkreutz, der zwischen 1378 und 1484 gelebt haben soll. 1614 werden die ersten Rosenkreuzerschriften in deutscher Sprache verlegt. Auch Thomas Morus'»Utopia« war 1516 erschienen; sie lag den Staatsentwürfen von Tommaso Campanella und Francis Bacon im 17. Jahrhundert zugrunde.

Diese geistigen Reformbewegungen verfolgen alle als gemeinsames Ziel eine Erneuerung der Wissenschaft, die nur aus der ursprünglichen Selbsterfahrung des Menschen heraus möglich ist. Sie weichen sowohl von der Einseitigkeit der dominierenden Vernunftwissenschaft als auch von der dogmatischen Enge der etablierten Kirchen ab.

Einen Höhepunkt erreichte der Geist der Erneuerung in der *deutschen Romantik*. Ihren Philosophen, Dichtern und Wissenschaftlern wurde das Denken Jakob Böhmes zum Ideal. Im Werk des Naturmystikers findet sich nämlich der Ansatz für eine Vereinigung und Bereinigung des Anliegens von Vernunftwissenschaft und ursprünglicher Seinserfahrung, um die es in diesem wichtigen Zeitalter der europäischen Geschichte ging und heute dringend und weltweit geht.

Um die Bedeutung dieses Phänomens wahrnehmen zu können, wollen wir als Erstes das Leben des mystischen Philosophen betrachten.

2

Das Leben Jakob Böhmes

Von Jakob Böhme existieren weder ein zu Lebzeiten entstandenes Bild noch fundierte Berichte von Zeitgenossen, welche die Erstellung einer ausführlichen Biographie ermöglichen könnten. Doch es genügen die vorhandenen Auskünfte, um den Kern dieser Lebensgeschichte zu kennzeichnen. Die faktischen Begebenheiten vermögen nicht das Werk zu erklären, das aus ihnen hervorging. Böhmes Leben sprengt wie kaum ein anderes die Gesetze jeder historischen und psychologischen Logik. Es geht jedoch nicht in erster Linie um wundersame Begebenheiten, obwohl freilich die religiöse Form seines Erfahrens eine wichtige Tatsache darstellt. Entscheidend ist dabei: Aus der Feder eines ungebildeten Schusters entstand ein mystisches, philosophisch-wissenschaftliches Werk, das trotz seiner Rohheit und Schwierigkeit sowohl einfachen und gebildeten Leuten seiner Zeit richtungsweisend als auch später großen Naturwissenschaftlern und Philosophen bedeutsam wurde. Newton fand darin die Grundzüge seiner Gravitationstheorie; es wurde vom späten Kant studiert; es beeinflusste entscheidend Angelus Silesius, den schwäbischen Theologen und Naturphilosophen Oetinger, den französischen Theosophen Louis Claude de Saint Martin, Goethe, Novalis, Tieck, den romantischen Physiker Ritter, Baader, Schelling, Schopenhauer, ja es vermochte der glänzendsten Epoche der deutschen Geistesgeschichte, der deutschen Romantik, die Substanz ihres Weltverständnisses zu vermitteln. Hegel nannte Böhme mit Bewunderung den ersten deutschen Philosophen. Im Werk des späten Heideggers, insbesondere in *Unterwegs zur Sprache*, ist sein Einfluss unverkennbar.[3]

Worin besteht das Eigentümliche dieser außergewöhnlichen Erscheinung, die so vielschichtige, kritische, ja gar skeptische Geister zu erschüttern vermochte?

Zu den wenigen autobiographischen Bemerkungen – insbesondere in Böhmes *Theosophischen Sendbriefen* – fügt sich als historische Grundlage für eine Erstellung seiner Biographie der »gründliche und wahrhaftige Bericht von dem Leben und Abschied des in Gott selig ruhenden Jakob Böhme« des Abraham von Franckenberg hinzu, der in der Ausgabe der böhmeschen Werke von 1730 veröffentlicht wurde. Der Schüler beschreibt seinen Meister folgendermaßen: »Seine äußerliche Leibesgestalt war verfallen und von schlichtem Ansehen, kleiner Statur, niedriger Stirne, erhobener Schläfe, etwas gekrümmter Nase, grau und fast himmelblau glitzernden Augen, sonsten wie die Fenster am Tempel Salomonis, kurz-dünnen Bartes, kleinlautender Stimme, doch holdseliger Rede, züchtig in Gebärden, bescheiden in Worten, demütig im Wandel, geduldig im Leiden, sanftmütig von Herzen.«[4]

Aus den Daten und Berichten, die sich in diesen Schriften finden, lässt sich der Lebensablauf Böhmes so rekonstruieren:

Er wurde 1575 in Alt-Seidenberg bei Görlitz, nahe der böhmischen Grenze, in einer protestantischen Familie geboren.[5] Seine Eltern waren nicht »arme und geringe Bauersleute guter deutscher Art«, wie Franckenberg sie vorstellt, denn sie besaßen immerhin 35 Hektar, 16 Ruten Land. Sein Vater, der Kirchendiener (Kirchvater) war, galt als Förderer des Gotteshauses. Als Kirchvater und Gerichtsschöffe war bereits Großvater Ambrosius verzeichnet.

Seit wann lebten die Böhmes in Seidenberg? Die unmittelbaren Vorfahren sind zwar erst seit Anfang des 16. Jahrhunderts nachweisbar, aber es gab einen Hans Behme zu Beginn des 14. Jahrhunderts, der vermutlich auch in den Stammbaum der Familie Böhme gehört. Der Name kam samt verschiedenen Abwandlungen in der schlesischen Lausitz oft vor, wo Bußprediger und Anhänger mystischer Lehren leicht Gehör fanden.

Da der junge Jakob für die Bauernarbeit nicht kräftig genug war, bestimmten ihn die Eltern für ein Handwerk. Bevor er zu einem Schuhmacher in die Lehre gegeben wurde, besuchte er die Dorfschule zu Seidenberg. Hin und wieder musste der Junge das Vieh hüten. Von dieser Zeit berichtet Franckenberg: »Bei welchem seinem Hirtenstande ihm dies begegnete, dass er einstmal um die Mittagstunde sich von den andern Knaben abgesondert und auf den davon nicht weit abgelegenen Berg, die Landeskrone genannt, allein für sich selbst gestiegen, allda zuoberst (welchen Ort er mir selber gezeiget und dies erzählet), wo er mit großen roten Steinen, fast einem Türgerichte gleich, verwachsen und beschlossen, einen offenen Eingang gefunden, in welchem er aus Einfalt gegangen und darinnen eine große Bütte mit Geld angetroffen, worüber ihm ein Grausen angekommen, darum er auch nichts davon genommen, sondern also ledig und eilfertig wieder herausgegangen. Ob er nun wohl nachmals mit andern Hütejungen zum öfteren wieder hinaufgestiegen, hat er doch solchen Eingang nie mehr offen gesehen.«[6]

Wichtiger als die historische Wahrheit war für Franckenberg offensichtlich die Bedeutung. Er verstand das Ereignis gleich symbolisch als eine »Vordeutung auf seinen (Böhmes) geistlichen Eingang in die verborgene Schatzkammer der göttlichen und natürlichen Weisheit.«[7] Die Höhle, die geheimnisvolle »Bütte«, die keine Begehrlichkeit, sondern eher »Grausen« beim Knaben erzeugt, sind traditionell typische Symbole für ein seltenes Phänomen, das sich bei Jakob Böhme tatsächlich ereignet: Die angeborene Fähigkeit, in jene Tiefe des Seins hineinzuschauen, von welcher der Naturmystiker in seinem Erstlingswerk sagte: »Und nach dieser Tiefe weiß Gott selber nicht, was er ist.«[8]

Franckenberg berichtet über eine andere außerordentliche Begebenheit aus Böhmes jungen Jahren: »Denn wie mir der selige Mann selber erzählet, hat sich einstmals bei seinen Lehrjahren zugetragen, dass ein fremder zwar schlecht bekleideter, doch feiner und ehrbarer Mann vor den Laden kommen, welcher ein Paar Schuh für sich zum Kauf begehret. Weil aber weder Meister noch Meisterin zu Hause, hat Jakob Böhme als ein Lehrjunge selbige zu verkaufen sich nicht erkühnen wollen, bis der Mann mit Ernst darauf gedrungen. Und als er ihm die Schuh (der

Meinung, den Käufer abzuschrecken) ziemlich hoch und über rechte Billigkeit geboten, hat ihm der Mann dasselbe Geld alsobald und ohne eine Widerrede dafür gegeben, die Schuh genommen, ist fortgegangen, und als er ein wenig von dem Laden abgekommen, stille gestanden und mit lauter und ernster Stimme gerufen: Jakob, komme heraus! Worüber er in sich selbst erschrocken hat, dass ihn dieser unbekannte Mann mit eigenem Taufnamen genennet, und sich doch erholet, aufgestanden ist und zu ihm auf die Gasse gegangen. Da hat ihn der Mann eines ernst-freundlichen Ansehens mit lichtfunkelnden Augen bei der rechten Hand gefasset, ihm strack[9] und stark in die Augen gesehen und gesprochen: Jakob du bist klein, aber du wirst groß und gar ein anderer Mensch und Mann werden, dass sich die Welt über dich verwundern wird«.[10]

Beiden Ereignissen kommt eine Bedeutung zu, die über die bloß historische Wahrheit hinausgeht: die rückwirkende Vergewisserung des Lebenssinnes. Sein Leben musste Böhme rückblickend wie ein Traum erscheinen. Wie war es möglich, dass ihm, dem ungebildeten und kränklichen Schuster, ein solches Werk gelingen konnte? Oder war er vielmehr so tief im Traum, dass er das Traumhafte seines Lebens mit aller Selbstverständlichkeit erlebte? Über die Wanderschaft des jungen Schustergesellen wissen wir nicht viel. Dass es eine harte Zeit war, können wir annehmen. Seine Gesundheit war schwach. Der Beruf erfüllte ihn nicht. Ihm fehlte auch die Kraft, um sich bei den anderen Gesellen durchzusetzen. So können wir uns vorstellen, dass er in dieser Zeit voll Heimweh war.

Böhme lässt sich in Görlitz nieder und in die Schusterinnung aufnehmen. Dann erwirbt er das Bürgerrecht. Die Bürgerurkunde ist vom 24. April 1599 datiert und von Bartolomäus Scultetus ausgestellt. Sie lautet: »Jakob Behmer von Alt-Seidenberg, Schuster, hat auf seinen vorgelegten Geburts- und Losbrief sein Bürgerrecht erworben.« Das Kaufbuch der Stadt weist aus, dass er am selben Tag eine Schuhbank auf dem Untermarkt kaufte.

Böhme war 24 Jahre alt. Unter dem zehnten Mai des gleichen Jahres ist seine Vermählung im Traubuch eingetragen. »Jakob Bohem« habe des Hans Kuntzschmanns, eines Metzgers, Tochter Katharina geehelicht und drei Kreuzer hinterlegt. Ebenso finden wir im Kaufbuch von Görlitz den Erwerb des Hauses des Paul Adam »furm Neißtore aufm Töpferberge« für 300 Mark gegen Ratenzahlung vermeldet. Zwischen 1600 und 1606 wurden ihm vier Söhne geboren. Er galt als guter Ehemann und Familienvater. Auch gegenüber der Schusterinnung war seine Haltung vorbildlich.

Kurz nach der Geburt seines ersten Sohnes Jakob ereignete sich etwas, das sein Leben veränderte. Abraham von Franckenberg erzählt es so: »Unterdessen und nachdem er sich als ein getreuer Arbeiter seiner eigenen Hand im Schweiß seines Angesichts genähret, wird er mit des 17. Saeculi Anfang, nämlich anno 1600, also im 25. Jahr seines Alters, zum andern Mal vom göttlichen Lichte ergriffen und mit seinem gestirnten Seelengeiste durch einen gählichen Anblick eines zinnern Gefäßes (als des lieblich jovialischen[11] Scheins) zu dem innersten Grunde oder Zentro der geheimen Natur eingeführt. Da er als in etwas zweifelhaft um solche vermeintliche Phantasie aus dem Gemüte zu schlagen zu Görlitz vor dem Neißtore (alwo er an der Brücke seine Wohnung gehabt) ins Grüne gegangen, und doch nichtsdestoweniger solchen empfangenen Anblick je länger je mehr und klarer empfunden, also dass er vermittels der angebildeten Signaturen gleichsam in das Herz und die innerste Natur hineinsehen können (...) wodurch er mit großen Freuden überschüttet, stille geschwiegen, Gott gelobt, seiner Hausgeschäfte und Kinderzucht wahrgenommen und mit jedermann fried- und freundlich umgegangen und von solchem seinem empfangenen Lichte und inneren Wandel mit Gott und der Natur wenig oder nichts gegen jemanden gedacht.«[12]

Der Zeitgeist trug die Prägung der Unsicherheit. Kopernikus hatte durch seine Umkehrung der astronomischen Verhältnisse den Zusammenbruch der alten Ordnung herbeigeführt. Die Destruktion der mittelalterlichen Seinslehre befreite den Menschen von den Schranken einer Gott dinghaft vorstellenden Metaphysik und eröffnete die Möglichkeit des grenzenlosen Fragens, das Feld der nicht auf Autorität, sondern nur auf Experimenten basierenden Wissenschaft. Aber damit war zugleich die Idee einer allgemeinen, endgültigen Ordnung zunichte gemacht. Der menschlichen Existenz wurde jeder Boden entzogen. Ist nun die kosmische Ordnung Symbol und Grundlage der Wertordnung zugleich, so versteht man, dass die kopernikanische Revolution epochal als Inbegriff des Zusammenbruchs erfahren wurde. In einem solchen geschichtlichen Zusammenhang hatte Böhme das mystische Erlebnis, das ihn »die große Tiefe dieser Welt« mit Schauer erblicken ließ.

Jakob Böhme ging weiterhin seinem Schusterberuf nach, sorgte sich um seine Familie. Es ist möglich, dass er schon zu dieser Zeit seine Einsichten im Freundeskreis vortrug. Der Görlitzer Pastor Primarius Martin Moller, Calvinist und Rosenkreuzer, pflegte in seinem Haus junge Männer zu empfangen, die später Partei für Jakob Böhme ergriffen. Unter ihnen fanden sich Karl Ender von Sercha, Abraham von Sommerfeld, Johann Siegismund von Schweinichen, der Gelehrte Balthasar Walther, die beiden Ärzte Tobias Kober und Johannes Beer.

Einige Jahre später, vermutlich um das Jahr 1610, wiederholte sich die Erfahrung. Jakob Böhme beschreibt sie so:

»Ward ich derowegen ganz melancholisch und hoch betrübet, und konnte mich keine Schrift trösten, welche mir doch fast[13] wohl bekannt war; dabei dann gewisslich der Teufel nicht wird gefeiert haben, welcher mir dann oft heidnische Gedanken einbleute, derer ich allhie verschweigen will. Als ich aber in solcher Trübsal meinen Geist – denn ich wenig und nichts verstund, was er war – ernstlich in Gott erhub als mit einem großen Sturme, und mein ganz Herz und Gemüte samt allen anderen Gedanken und Willen sich alles darein schloss, ohne Nachlassen, mit der Liebe und Barmherzigkeit Gottes zu ringen, und nicht nachzulassen, segnete er mich dann, das ist: er erleuchtete mich dann mit seinem Hl. Geiste, damit ich seinen Willen möchte verstehen und meine Traurigkeit los werden; – so brach der Geist durch. Als ich aber in meinem angesetzten Eifer also hart wider Gott und aller Höllen Porten stürmete, als wären meiner Kräften noch mehr vorhanden, in willens, das Leben daran zu setzen – welches freilich nicht mein Vermögen wäre gewesen ohne des Geistes Gottes Beistand – alsbald nach etlichen harten Stürmen ist mein Geist durch der Höllen Porten durchgebrochen bis in die innerste Geburt der Gottheit und allda mit Liebe umfangen worden, wie ein Bräutigam seine liebe Braut umfähet. Was aber für ein Triumphieren im Geiste gewesen, kann ich nicht schreiben oder reden. Es lässt sich auch mit nichts vergleichen als nur mit dem, wo mitten im Tode das Leben geboren wird, und vergleicht sich der Auferstehung von den Toten.«[14]

Der Mystiker erlebt den Zusammenbruch der alten Seinsordnung in der Tiefe. Mit der alten Seinslehre war auch der alte Gott gestorben. Mitten in dieser Nacht der Sinnlosigkeit öffnet sich ihm das Licht, in dem er nun alles neu zu sehen und zu erfahren vermochte:

»In diesem Lichte hat mein Geist alsbald durch alles gesehen und an allen Kreaturen, sowohl an Kraut und Gras, Gott erkannt, wer der sei und wie der sei und was sein Wille sei. Auch so ist alsbald in diesem Lichte mein Willen gewachsen, mit großem Trieb das Wesen Gottes zu beschreiben.«[15]

20

Er sieht plötzlich und unvermittelt den inneren Sinn, der sich in der äußeren Struktur der Dinge niederschreibt. Das, wonach die Wissenschaft seit Jahrhunderten mühsam sucht, ohne es richtig zu treffen, eröffnet sich dem Schuster von selbst. Alsdann entscheidet er sich, seine Erfahrungen niederzuschreiben. Zwischen Neujahr und Pfingsten des Jahres 1612, also im Laufe von etwa fünf Monaten, entsteht ein Manuskript mit dem Titel: »Morgenröte im Aufgang, das ist die Wurzel oder Mutter der Philosophiae, Astrologiae und Theologiae aus rechtem Grunde, oder Beschreibung der Natur, wie alles gewesen und im Anfang worden ist.« Als Datum wird in der Ausgabe von 1730 angegeben: »Im Jahr Christi 1612, seines Alters 37, Dienstag in Pfingsten.« Dies ist nicht das Datum der Buchveröffentlichung, die erst viele Jahre nach seinem Tode geschah. Es ist das Datum, das die Entscheidung Böhmes, sich mitzuteilen, festlegt.

Es ist wichtig, von vornherein festzustellen, was und wie Jakob Böhme lehrt. Nachdem die Wissenschaft bodenlos geworden war, sucht er wieder den Grund. Aber es ist eine neue Suche nach einem neuen Grund. Sein Werk versteht er deshalb keineswegs als Konkurrenz zur rationalen Wissenschaft oder gar als Infragestellung derselben. Er will damit einen neuen Weg öffnen, der beide Positionen verbinden kann.

»Weil aber die Menschen Götter sind und haben die Erkenntnis Gottes des einigen Vaters, aus dem sie sind herkommen und in dem sie leben, so verachte ich ihre Formulam[16] der Philosophiae, Astrologiae und Theologiae gar nicht. Denn ich befinde, dass sie meistenteils gar auf rechtem Grunde stehet, und will mich auch befleißen, dass ich ihrer Formula möchte nachfahren (...). Ich bin auch nicht des Willens, dass ich ihre Formula will umkehren und verbessern, denn ich kann auch nicht, habe sie auch nicht gelernet, sondern lasse sie in ihrem Sede[17] sitzen. Ich will auch auf ihrem Grund nicht bauen, sondern ich will als ein mühsamer Knecht die Erde von der Wurzel scharren, damit man kann den ganzen Baum sehen mit der Wurzel, dem Stamme, den Ästen, Zweigen und Früchten, und dass also mein Schreiben nichts Neues sei, sondern dass ihre Philosophia und meine Philosophia sei ein Leib, ein Baum, der einerlei Früchte trage.«[18]

Böhme schreibt in seiner Erstlingsschrift über Philosophie, Astrologie und Theologie. Aber er will sich dabei nicht mit zeitgenössischen Streitfragen befassen. Er sucht nach »deren Mutter«, dem Urboden, aus dem die Grundfragen emportauchen. Die epochale Notwendigkeit seines Unternehmens ist einsichtig. Nach den Entdeckungen Kopernikus', Keplers und Galileis war eine Trennung zwischen Philosophie, Theologie und Astronomie vollzogen worden. Die wissenschaftliche Frage unterschied sich plötzlich von der Seins- und Gottesfrage. So erwies sich etwa der Himmel nicht mehr als sakrale Größe, welche die Menschen auf Erden umwölbte und barg, sondern als physikalisch und chemisch genau beschreibbare Luftschicht. Was dies für die damaligen Menschen bedeutet haben muss, können wir uns heute kaum noch vorstellen. Es war die Entmythologisierung des Ganzen, das bislang jedem heilig war. Dadurch begann der unsichere Weg einer Zersplitterung. Philosophie, Wissenschaft und Theologie entfalteten sich unabhängig voneinander, manchmal gegeneinander.
Vielleicht können wir heute die Genialität der böhmeschen Intuition besser verstehen als seine Zeitgenossen. Aus der Trennung dessen, was ursprünglich eins war, ist einerseits wohl wissenschaftlicher Fortschritt und Glaubensfreiheit, andererseits jedoch auch eine zerrissene, in sich selbst gefährdete Welt hervorgegangen. Die Wissenschaft entfaltet sich sachlich und neutral, ohne jegliches Verantwortungsgefühl für die Folgen ihres Tuns. Sie verwickelt sich immer mehr in sich selbst, verliert die Kontrolle über die Ergebnisse ihres Forschens und wird dadurch zum Opfer

des eigenen Höhenflugs. Daraus entsteht die gegenwärtige Bedrohung von Natur, Welt und Mensch. Die Philosophie verlässt das Leben, entfaltet sich ohne Bezug auf die Wirklichkeit, wird Gefangene der eigenen Wortbildung. Daraus entsteht das begriffliche Gebäude der großen Systeme, das sprachlich würdevoll, aber lebensfremd ist, sowie die Unfruchtbarkeit der akademisch-philosophischen Begrifflichkeit. Die Theologie entfaltet sich an der endlichen Verfasstheit des Menschen und an den geschichtlichen Veränderungen vorbei, versucht weiterhin in der fragwürdigen Gestalt einer Wissenschaft, die sie nicht sein kann, aufzutreten und entfernt sich immer entschiedener von ihrer eigentlichen Aufgabe.

Im Augenblick der Entstehung dieser Verwirrung öffnet sich Böhme die Weise, die Dingwelt so zu erfahren und zu verstehen, dass die verschiedenen Zugangsmöglichkeiten, ohne ihre Eigenständigkeit zu verlieren, eine Verbindung finden. Wie kann der Mensch zu dieser Sicht kommen, fragen wir uns heute. Im Bild gesprochen: Wenn die Seienden Kinder des Seins sind, wie können sie ihre Brüderlichkeit und Schwesterlichkeit erfahren, damit sie sich wieder als Glieder der einen kosmischen Familie sehen? Die böhmesche Antwort ist im Titelblatt seines Buches enthalten: Von der »Mutter«, das heißt vom Ursprung, vom Ungrund her.

Jakob Böhme zeigt die Eigenart seiner Sehweise im Hinblick auf ein wissenschaftliches Hauptthema jener Zeit: den Himmel. Nachdem ihn die Astronomie entmythologisiert und als einen rein physikalisch-chemisch zu verstehenden Gegenstand ausgewiesen hatte, fragt er: Kann der Himmel nicht von der Tiefe her verstanden werden, so dass alle Zugangsmöglichkeiten wieder als *gleich wahr* gelten? Ja, antwortet er, wenn der Mensch lernt, den Himmel ursprünglich zu erfahren. Wir interpretieren: Ja, es ist möglich, wenn der Himmel nicht primär und ausschließlich als physikalischer Gegen-Stand der Forschung aufgefasst, sondern ebenso gleichberechtigt als Tiefenphänomen des Lebens entdeckt wird. Der Mensch muss wieder lernen, ursprünglich zu sehen, die

Urstimme der Dinge zu hören. Dann haben der Philosoph und der Dichter, der Theologe und der Astronom das gleiche Recht; denn jeder von ihnen erhellt eine Dimension, die jeweils die volle Wahrheit enthält. Der Astronom sieht nicht mehr oder besser als der Dichter, sie sehen nur jeweils anders. Böhmes sehendes Denken gestaltet sich noch *vor* der Unterscheidung zwischen Philosophie und Theologie, Wissenschaft und Dichtung. Es steigt aus dem Urgrund des Lebens empor. Das Weibliche und das Männliche vereinigt es deshalb in sich.[19] So vermochte er nicht nur, Erstaunliches über Himmelskräfte und Sterne auszusagen, das sogar Newton wegweisend wurde, sondern auch den Himmel als Tiefenphänomen zu erblicken:

»(...) Denn der Himmel ist der Unterschied zwischen Liebe und Zorn. Derselbe Himmel ist überall, auch in dir selber. Und wenn du nun den heiligen Gott in seinem Himmel anbetest, so betest du ihn in dem Himmel, der in dir ist, an (...). Wie sich nun der neue Leib dieser Welt in seinem Himmel gebäret, also gebäret sich auch dein neuer Mensch in seinem Himmel, denn es ist alles ein Himmel, darinnen Gott wohnet, und kann nicht voneinander getrennet werden (...). Solches schreibe ich als ein Wort, welches in seinem Himmel ist geboren, wo sich die heilige Gottheit immer gebäret, da der wallende Geist im Blitz des Lebens aufgeht.«[20]

Das ist eine direkte Antwort auf die damalige astronomische Revolution. Sie geschieht im Rahmen einer ausdrücklich ausgesprochenen Grundhaltung, die sich bis heute nicht geändert hat. Die böhmesche Wissenschaft kennt und akzeptiert die rein rationale, diese aber akzeptiert die seine nicht. Warum ist dies so? Weil Böhmes Wissenschaft eine liebende ist, die Menschen und Dingen dienen, sie pflegen, aufnehmen und bergen will. Die rein rationale Wissenschaft ist dagegen eine »nur-männliche«, beherrschen-wollende, die alles ausschließen muss, was ihre Machtan-sprüche bloßstellt.[21]

Der Mystiker vertraut von Sarcha das in den Mußestunden und nachts entstandene Manuskript an. Dieser liest es, ist davon überaus angetan und lässt es heimlich abschreiben. Alsbald gehen mehrere Abschriften im Freundeskreis um. Der Görlitzer Oberpfarrer er-fährt davon. Es ist nicht mehr der offenherzige Martin Moller, sondern der eng dogmatisch denkende Lutheraner Gregor Richter. Das Buch liest er nicht. Aber er betrachtet es als seine Pflicht, es aus dem Verkehr zu ziehen und dem Magistrat zu übergeben. Im Tagebuch des Bürgermeisters Scultetus wird notiert, dass Jakob Böhme, ein Schuster zwischen den Toren hinter der Spitalschmie-de, »zum Ablohnen aufs Rathaus geordert und um seinen enthu-siastischen Glauben gefragt, darüber in Stock eingesetzet und sobald durch Oswald (den Stadtdiener) sein geschriebenes Buch in Quarto aus seinem Hause abgeholet, darauf er wieder aus dem Gefängnisse entlassen und ermahnet worden, von solchen Sachen abzustehen«.

Er wird als Fanatiker abgestempelt, und der Stadtrat aufgefordert, gegen ihn vorzugehen. Die allgemeine Verleumdung wird bald von der Kanzel der Stadtkirche aus, unter der Böhme jeden Sonntag sitzt, im Namen Gottes als Wahrheit verkündet. Am 28. Juli 1613, einem Sonntag, verurteilt Richter den Schuster in einer scharfen Strafpredigt. Zwei Tage später, am 30. Juli, lässt der Oberpfarrer sein Gemeindemitglied ins Pfarramt kommen. Der Naturmystiker wird einem Glaubensverhör unterzogen. Erneut wird ihm verboten, weiterzuschreiben. Jakob Böhme denkt an seine Familie. Der Oberpfarrer kann ihm die Existenzgrundlage entziehen. Aus Angst stimmt er zu:

»Als ich mich aber vor dem Ministerio[22] gegen ihn verantwortet und angezeiget meinen Grund, ist mir vom Herrn Primario[23] auferlegt worden, nicht mehr also zu schreiben, welches ich ja bewilliget; den Weg Gottes aber, was er mit mir hat tun wollen, habe ich dazumal noch nicht verstanden. Hingegen hat mir der Herr Primarius samt den andern Praedikanten[24] zugesagt, hinfüro auf der Kanzel zu schweigen.«[25]

Jakob Böhme ist nun achtunddreißig Jahre alt. Ihm ist klar geworden, dass seine Berufung nicht im Schuhmachen liegt. Im März 1613, also noch vor dem Angriff durch Stadtrat und Pfarramt, verkauft er seine Schuhbank. Für die finanzielle Lebensgrundlage wird künftig ein Garnhandel sorgen, den er mit seiner geschäftstüchtigen Frau beginnt. Dadurch wird er beweglicher. Auf seinen Geschäftsreisen kann er Freunde, Schüler und Gesinnungsgenossen besuchen. Böhme ist das Gespräch wichtig. Dass dieses, obzwar meistens geheim, doch auch rege war, bezeugen die Theosophischen Sendbriefe. Dort wird auch erzählt, wie schwierig die Jahre zwischen 1613 und 1620 waren. Gegen die getroffene Vereinbarung lässt der Oberpfarrer den zum Schweigen Verurteilten nicht in Ruhe, sondern

»Hat mich die ganze Zeit schmählich gelästert und mir öfters Dinge zugemessen, derer ich gar nicht schuldig bin und also die ganze Stadt lästernd und irre gemacht, dass ich samt meinem Weibe und Kindern habe müssen ein Schauspiel, Eule und Narr unter ihnen sein. Ich habe ferner all mein Schreiben und Reden von solcher Hoheit und Erkenntnis göttlicher Dinge auf sein Verbot viel Jahr bleiben lassen und gehoffet, es werde des Schmähens einmal ein Ende sein, welches aber nicht geschehen, sondern immerdar ärger worden ist. Bei diesem hat es der Herr Primarius nicht bleiben lassen, sondern hat mein Buch und Verantwortung in fremde Örter, Städte und Dörfer weggeliehen und dasselbe selber ausgesprenget ganz ohne mein Wissen und Willen, da es dann ist nachgeschrieben und viel mit andern Augen angesehen worden als er es angesehen.«[26]

Sein Buch bekommt er nicht mehr zurück. Es bleibt bis zum Jahr 1641 – er stirbt 1624 – in Verwahrung. Der Schmerz darüber fügt sich dem einer jahrelangen Trockenheit des Geistes hinzu. Böhme selbst erzählt es Freunden, die ihn ermahnen, trotz des Verbots sein »Talent doch zu offenbaren«. Der Mystiker vergisst zwar nicht das Ereignis seiner Grunderfahrung, also »dass ich in einer Viertheil-Stunden mehr gesehen und gewusst[27] habe, als wann ich wäre viel Jahr auf hohen Schulen gewesen.«[28] Aber die Verfolgung zuerst und die langjährige Trockenheit danach hatten sein Selbstwertgefühl in eine schwere Krise gestürzt. Sein Mangel an Ausbildung quälte ihn: »Sintemal der Autor ein ungelehrter und wenigverständiger Mann war, dazu fast wie kindisch[29] in den Geheimnissen gegen den Erfahrnen und Gelehrten.«[30] So wollte er aufgeben: »Hatte mich auch nach der Verfolgung verwogen, nichts mehr zu machen, sondern als ein Gehorsamer, Gott stille zu halten und den Teufel lassen mit seinem Spotte also über mich hinrauschen, indem dann so gar mancher Sturm gegen ihn ist ergangen, und was ich gelitten, nicht wohl sagen kann.«[31] In dieser Zeit seines Schweigens dürfte der Gedankenaustausch mit dem jungen Görlitzer Arzt Tobias Kober, einem guten Kenner von Paracelsischen, alchimistischen und mystischen Schriften, fruchtbar gewesen sein. Ein anderer Kenner dieser Denktraditionen, Dr. Balthasar Walther aus Glogau, riet Böhme, er solle weiterschreiben, und machte ihn mit Christian Bernhard, der das Abschreiben übernahm, bekannt. Plötzlich tauchte eine Kopie der Morgenröte auf, die ihr Verfasser für endgültig verschwunden gehalten hatte. Jahre später, 1621, schreibt er darüber an Casper Lindner, »Zoll-Einnehmer zu Beuthen«:

»Sah auch dasselbe erste Buch in drei Jahren nicht mehr, vermeinete, es wäre längst tot und dahin, bis mir Abschriften von gelehrten Leuten zugeschicket wurden, mich vermahnende, mein Talent zu offenbaren, welches die äußere Vernunft nirgends tun wollte, dieweil sie vorhin viel hatte müssen erleiden.

So war die Vernunft sehr schwach und zaghaftig, da mir auch zugleich das Gnaden-Licht eine ziemliche Zeit entzogen ward und glamm in mir als ein verborgen Feuer, dass also nichts als Angst in mir war, von außen Spott, von innen ein feuriger Trieb; und mochte es doch nicht ergreifen, bis mir der Höchste mit seinem Odem wieder zu Hülfe kam, und ein neues Leben in mir erweckte. Alsda erlangete ich einen bessern Stylum zu schreiben und auch eine tiefere und gründlichere Erkenntnis, konnte alles besser in das Aeußere bringen, wie es dann das Buch vom dreifachen Leben durch die 3 Principia ausweiset und der göttliche Liebhaber, so ihm sein Herz mag aufgetan werden, sehen wird.«[32]

Trotz aller Verfolgung setzte er seine schriftstellerische Tätigkeit also um 1618/19 fort. Ungebrochen und unbeirrt schreibt er Buch für Buch. Der Untertitel der Schrift *Beschreibung der drei Principien göttlichen Wesens* gibt auch die Thematik an, die ihn sein Leben lang beschäftigt hat: Geburt und Sinn der Gottheit, des Kosmos und der Menschheit. Er lautet so:

»Von der ohn Ursprung ewigen Geburt der heiligen Dreifaltigkeit Gottes; und wie durch und aus derselben sind geschaffen worden die Engel; sowohl die Himmel, auch die Sterne und Elementa samt allem creatürlichen Wesen und alles, was da lebet und schwebet; fürnehmlich von dem Menschen, woraus er geschaffen worden und zu welchem Ende; und dann, wie er aus einer ersten paradiesischen Herrlichkeit gefallen in die zornige Grimmigkeit und in seinem ersten Anfange zum Tode erstorben, und wie dem wieder geholfen worden; und dann auch, was der Zorn Gottes (Sünde, Tod, Teufel und Hölle) sei; wie derselbe in ewiger Ruhe und in großer Freude gestanden, auch wie alles in dieser Zeit seinen Anfang genommen und wie es sich jetzt treibet und endlich wieder werden will.«

28

Böhme war geschäftlich viel unterwegs, besuchte Freunde und Schüler. Dabei wurde er Augenzeuge, als Friedrich V. von der Pfalz, der neue Böhmenkönig, in Prag einzog. Am 14. November 1619 schrieb er an Christian Bernhard:

»Anlangende Euer Begehren wegen der Prager Sachen, da ich eben am Einzuge des neuen Königs inne gewesen bin, werdet Ihr den Einzug zum Sagan wohl erfahren haben, dass er geschehen ist. Er ist hinten zum Schlosse aufm Ketschin vom Schlan hinein kommen und mit großer Zierde aller 3 Stände angenommen worden, wie normal auch bei allen Königen bräuchlich gewesen. Ich erinnere Euch, dass Ihr wollet Acht haben, was der Prophet Ezechiel 38. und 39. Cap. hat geschrieben, ob nicht die Zeit des großen Zugs wird da sein, auf die Berge Israel in Babel, sonderlich wegen des Siebenbürgers, welcher wird Hülfe vom Türken erlangen und leichtlich an den Rheinstrom kommen.«[33]

Ein Jahr später, 1620, werden Friedrichs Truppen bei der Schlacht am Weißen Berg besiegt. Der »Winterkönig« flüchtet nach Schlesien. In seiner symbolischen Sprache kündigt Jakob Böhme die Ereignisse voraus, die dann pünktlich eintreten. Am 17. Oktober 1621 schreibt er an Gottfried Freudenhammer:

»Ich füge dem Herrn wohlmeinend zu wissen, dass die jetzige Zeit wohl in acht zu nehmen ist, denn der 7te Engel in Apocalypsi hat seine Posaune gerichtet. Es stehen des Himmels Kräfte in sonderlicher Bewegung, dazu beide Türen offen, und in großer Begierde Licht und Finsternis; wie ein jedes wird ergriffen werden, also wird es eingehen: Wessen sich einer hoch wird erfreuen, das wird der ander verspotten. Darauf ergehet das schwere und strenge Gerichte über Babel.«[34]

Böhmes Begabung, Ereignisse vorauszusagen, hängt mit seiner Fähigkeit zusammen, ins Wesen der Dinge hineinzuschauen. Er, dem bis zu seinem Tod die Frische eines kindlichen Verstandes gegeben war, erkannte mit aller Selbstverständlichkeit, was erfahrene Fachleute nur mühsam nach sorgfältigen Analysen zu prognostizieren vermögen. Aber gerade diese schlichte, unbefangene Art, die höheren Möglichkeiten der menschlichen Natur zu realisieren, ist anderen Anlass zu Ablehnung und Verfolgung. Wir kennen fast nur verkürzte, gar verzerrte Formen des Menschseins. Taucht eine Gestalt auf, die das verkörpert, wonach sich alle sehnen, aber nur wenige erreichen, wird die eigene Unzulänglichkeit unerträglich, der Neid geweckt. Die Guten werden eliminiert, auf dass das Mittelmäßige weiterhin herrschen möge.[35]

Im Winter 1619-1620 verfasst er *Hoch und tiefe Gründung von dem Dreifachen Leben des Menschen (De triplici vita hominis)*. Balthasar Walther stellt Böhme Fragen, die 1620 zur Abfassung der Schrift *Vierzig Fragen von der Seele (Psychologia vera)* führen. Im gleichen Jahr schreibt er *Von der Menschwerdung Jesu Christi und Sechs theosophische Punkte (Sex puncta theosophica)*.

Der Mystiker selbst erblickte eine Bestätigung für die Richtigkeit des Erkannten in der Art seiner Produktivität. Die Echtheit der Ekstase erweist sich bei der konkreten Verwirklichung des Gesehenen, in der Arbeit. A. von Sommerfeld und Falckenheim lässt er 1620 wissen:

»Und also ist wieder fürgenommen worden etwas zu schreiben, und sind innerhalben drei viertel Jahre drei Bücher gemachet worden, eins Von den drei Principien Göttlichen Wesens (...) etwa 100 Bogen. Und nach diesem ist eines, etwa von 60 Bogen, gemachet worden, welches handelt Vom dreifachen Leben des Menschen (...). Und dann zum dritten wurden mir 40 Fragen von einem trefflichen Gelehrten und Verständigen, auch Liebhaber des Mysterii und einem großen Verwandten desselben, geschicket, und ward vermahnet, ihm ja nach diesen Gaben und Geiste darauf zu antworten, welches zwar die allerhöchsten Fragen von dem Urstand der Seelen und aller Heimlichkeit des Mysterii sind, von vielen großen und tiefen Geheimnissen (Psychologia vera) darüber ist eine solche Antwort erboren worden (...).«[36]

Sein Werk enthält in der Ausgabe von 1730 acht Bände. Mit Ausnahme seines Erstlingswerkes *Aurora oder Morgenröte im Aufgang* schrieb er alle in den letzten sechs Jahren seines Lebens. Bei einer solchen Produktivität fragt man sich, wovon er lebte. Der Garnhandel dürfte kaum für den Unterhalt einer Familie gereicht haben. Bücherhonorare kamen nicht in Frage, weil die Schriften zu seinen Lebzeiten nicht gedruckt wurden.[37] Er war auf die Hilfe derer angewiesen, welche die Abschriften seiner Manuskripte bestellten. Mehr als eine Unterstützung bei der Versorgung des Lebensnotwendigsten hätte Böhme nicht zugelassen, wie aus dem Schriftverkehr hervorgeht. Darin klingt auch die Not mit, in die der Dreißigjährige Krieg die Menschen geworfen hatte. 1622 heißt es in einem Brief an Karl von Ender, erster Verbreiter der *Morgenröte im Aufgang*:

»Es bittet mein Weib, woferne der Junker noch etwas an Käse zu verkaufen hätte, ihr doch etwa 3 Schocki oder was vorhanden, ums Geld zu lassen. Auch wäre mir wohl lieb, wenn mir der Junker wollte einen Sack Rüben ums Geld lassen zukommen, denn man kann hinein fast nichts um das Geld bekommen. So bin ich zunähest bei einem Stücke Rüben des Junkers vorbei gangen, welche Gott wohl gesegnet hatte, davon ich dem Junker eine abborgte, welche mich deuchte sehr gut zu sein. Und täte mir der Junker einen Dienst, so er mir wollte einen Sack ums Geld lassen, dabei ich mein Talent könnte bauen, weil die Zeit den Armen fast sehr bekümmert ist, und ich anietzo fast alle meine Zeit in Diensten meiner Brüder zubringe, welchen ich auch herzlich gerne mitteile, was in meinem Gärtlein wächset, und meine Perle jetzt mit großem Fleiß suche, meinen Brüdern damit zu dienen.«[38]

Dem fürstenauerschen Gutsverwalter Augustin Köppe schreibt Böhme im gleichen Jahr, er wolle eigentlich nichts als Lohn für seine Arbeit, und fügt hinzu:

»Weil Ihr mir aber aus Christlicher Liebe und Treue auch wollet gerne helfen zu meines Leibes Unterhaltung und Notdurft bei diesem meinen Talent dienen, so erkenne ich solches als eine Schickung göttlicher Ordnung und bedanke mich zum höchsten Eures treuen Gemütes und Eurer Verehrung. Ich will euch aber dasselbe viel lieber zahlen, was es koste, dann es deucht mich zu viel zu sein, dass ich solches von Euch nehmen sollte, welches zu unserer Ankunft geschehen kann. Und ob es Euer Gelegenheit gebe, dass ihr Amts-halben könntet abkommen, so wollten wir das miteinander diese Tage verzehren bei einem christlichen Gespräch, welches mir lieb wäre.«[39]

Eine mehrwöchige Krankheit und vor allem der »Schrack«, den er beim – in unmittelbarer Nähe miterlebten – Einsturz der Neißebrücke erleidet, bestätigen ihn in seinem Entschluss, für seine Sache öffentlich aufzutreten. Im Brief an Augustin Köppen vom Juli 1622 erzählt er:

»Denn wir können anietzo nicht in die Stadt wegen ein-gefallener Brücke mit einem ganzen Joche mitten auf der Brücke, von oben an bis in den Grund, welches in einem Blitz und Hui geschah, als schöffe man ein Rohr ab, welches, weil ich selber auf der Brücken gestanden, ich selber gesehen, und Gottes große Macht fast übernatürlich gespüret habe, welches mir groß Nachdenken gibt, davon ich mündlich mit euch reden wollte. (Geschah den 18. Juli 1622.)

Denn ein solches als ich gesehen, mich hart bestürzet hat, denn ich war über drei Ellen nicht vom Anbruch im Fenster[40] liegend, ins Wasser zu sehen, lief aber im Schreck davon, sah es nur in einem Blicke an; und ehe ich mich umsah, war alles in Grund augenblicklich.«[41]

Böhme arbeitete die letzten Jahre konzentriert. Unterbrochen nur von einigen Gesprächen und einem regen Briefwechsel widmete er sich ausschließlich der Niederschrift seines Konzepts. Im Februar 1622 kommt das Hauptwerk *De signatura rerum. Von der Geburt und Bezeichnung aller Wesen* zum Abschluss. Es ist ein erstaunliches Buch. Man wäre versucht zu sagen, Böhme tritt hier als Mediziner und rein wissenschaftlicher Philosoph auf. Damit wäre aber das Wesen des Buches verkannt. Darin – schon im Titel eindeutig ausgedrückt – ist eine Sicht der Wirklichkeit zur Sprache gebracht, die nur in der Vereinigung von Philosophie, Wissenschaft und Kunst nachvollzogen werden kann. Es ist die Dimension, in der die Wirklichkeit als Sprache erfahren wird. Seine Lehre über die Natursprache erreicht mit diesem Buch einen Höhepunkt und konkrete Anwendung. Die Dinge, so die Böhmesche Erfahrung, sind in ihrer äußeren Gestalt Niederschrift des inneren Wesens. Dieses ist geronnener Geburtsprozess, *Gestaltung*, um das treffende Wort des Böhme-Kenners Paul Hankammer hierfür zu verwenden, das besagt: leibgewordene Geschichte. Diese jeweils einmalige Geschichte bringt immer dasselbe zur Sprache: die unzeitlichen Tiefenphänomene des Seins. Der Mensch reinen Auges vermag diese Schrift zu lesen. Was Dinge bedeuten, sagen sie also durch ihre Gestalt (»Signatur«) aus. Sie sind geronnene Worte, die durch ihr schlichtes Dasein eine Ursprache (die *Natursprache*) sprechen, die der kindliche, geläuterte Mensch zu hören vermag. Des Menschen Urbestimmung ist, Hörer des Wortes dieser Natursprache des Seins zu werden. Hören, Sehen, zartes Berühren, »Tingieren«, Schmecken, das sind in der böhmeschen Welt Grundhaltungen des Menschen. Sie drücken eine geistige Sinnlichkeit aus als Grundlage einer Urwissenschaft, die dem Menschen seine ursprüngliche Größe verleiht.

Die Schrift *Von der Gnadenwahl (De Electione gratiae)*, geschrieben in den ersten Monaten des Jahres 1623, enthält die vielleicht beste Synthese seiner Vision. Das etwa 900 Druckseiten umfassende Manuskript des Genesiskommentares *Mysterium Magnum* liegt im September 1623 vor. Darin wird eine Sehweise der Menschheitsgeschichte skizziert, die aus der Verworrenheit der historischen Ereignisse klare Grundgesetze zu gewinnen vermag. Das Buch fasziniert durch die Kraft seines Denkens und die Macht seines Sprechens. Schopenhauer übertrieb nicht, als er behauptete, Schellings *Weltalter* sei eine Umschreibung von Jakob Böhmes *Mysterium Magnum*. Die schellingsche Schrift folgt in der Tat manchmal fast wörtlich Satz für Satz dem böhmeschen Werk, aber es fehlt ihr die frische Kraft der mystischen Sicht. Die schopenhauersche Bemerkung ist deshalb mit Recht als Anklage gemeint, weil Schelling seine Vorlage kein einziges Mal zitiert.

Neben diesen Hauptwerken verfasste der sehende Philosoph noch elf kleinere theologische Traktate, elf beschauliche Schriften sowie acht polemisch-apologetische Texte.

1621 erfährt er durch A. v. Sommerfeld, dass ein schlesischer Adeliger namens Balthasar Tilke (oder Tölke) ein *giftiges Pasquill* [42] gegen Morgenröte im Aufgang verfasst hatte. Hinzu kommt noch: Esaias Stiefel und dessen Neffe Ezechiel Meth, zwei fanatische Sektierer, verbreiteten eine materialistisch verzerrte Wiedergeburtslehre. Gegen solche Angriffe und Missdeutungen muss sich Böhme verteidigen. Dies bereitet ihm großen Schmerz.

Denn er ist nicht nur schüchtern; er möchte alles von sich fern-halten, was seinem Werk schaden könnte. Durch solche Vorfälle sah er sich jedoch genötigt, polemisch zu schreiben und auch zu reisen.

Breslau, Striegau, Glogau, Bunzlau, Liegnitz besucht er zwischen 1621 und 1624, wie die *Theosophischen Sendbriefe* bezeugen. Dort werden auch Begegnungen mit den Herren von Sommerfeld auf Wartha, von Gersdorf auf Weichau und Ender in Leopoldshain erwähnt. Disputationen über Themen finden statt, die wir nur aufgrund seiner Briefe rekonstruieren können. Es geht dabei um die große Reformation, die tiefer reichen soll als die luthersche. Es soll eine Revolution des Geistes und des Herzens werden, für welche die Umkehr in der spirituellen Einstellung entscheidend ist. Böhme will nicht die alte Kirche reformieren, auch keine neue gründen. Er ersehnt sich ein neues Menschentum, die Rückkehr des Menschen zu seinem Ursprung, die Findung und den Nach-vollzug seiner Urbestimmung. Dies kann mit Veränderung von Lehren und Strukturen nicht erreicht werden. Es handelt sich jetzt um eine Revolution, eine zur Reifung führende Erneuerung der menschlichen Substanz. Aus dem Urgrund seiner Möglichkeit muss der neue Mensch entstehen. Dass ihm, einem in Philosophie, Theologie und Wissenschaft ungebildeten Laien, die Notwendig-keit einer solchen Erneuerung aufging, überrascht ihn selbst. Am 20. April 1624 schreibt er an Herrn von Lübeck:

»Es möchte dem Herrn vielleicht Wunder nehmen, wie dass ein Laie solche hohe Dinge verstünde, der sie niemals gelernet noch gelesen hat. Aber ich sage euch, mein lieber Herr, dass Ihr bisher nur einen Glanz in meinen Schriften von solchen Geheimnissen gesehen habet, denn man kanns nicht schreiben; wenn Ihr von Gott würdet würdig erkannt werden, dass Euch das Licht in der Seele würde anbrennen, so würdet Ihr unaussprechliche Worte Gottes von solcher

Erkenntnis hören, schmecken, riechen, fühlen und sehen. Alsda ist erst die rechte Theosophische Pfingst-Schule, da die Seele von Gott gelehret wird.«[43]

Es geht also weder um eine nur religiöse noch bloß philosophische noch wissenschaftliche Erneuerung. Die böhmesche Revolution liegt all dem voraus, und geht deshalb darüber hinaus. Der ganze Mensch muss in seinem vollen Wesen – im wahren Leben – aufgehen. Das bedeutet gerade nicht, er soll etwa denken oder beten lernen. Er muss leben lernen. Und leben bedeutet konkret: richtig atmen, riechen, sehen, hören, essen, schlafen, sprechen, gehen, fühlen, lieben, leiden und heilen. Das ist der wahrhaft denkende und betende Mensch: Der Mensch, der lebt und liebt. Die Kraft, trotz allen Widerstands seine Erfahrung zu verkünden, erwächst ihm aus der Ursprünglichkeit seiner Evidenz. Böhme sieht voraus, was noch kommen wird.

»Es gaffe niemand mehr nach der Zeit, sie ist schon geboren. Wens trifft, den triffts. Wer da wachet, der siehts, und der da schläfet, der siehts nicht. Sie ist erschienen die Zeit, und wird bald erscheinen. Wer da wachet, der sieht sie. Viele haben sie schon empfunden, aber es muss von ehe eine große Trübsal vorüber gehen, ehe sie ganz offenbar wird. Das ist die Ursache: Der Streit der Gelehrten, dass sie Christi Kelch mit Füssen treten und um ein Kind zanken, das böser nie gewesen ist, seit dass Menschen gewesen sind, das wird offenbar werden. Darum soll sich kein frommer Mann an solchem Zanke besudeln. Es ist ein Feuer vom Herrn darin, das wird ihn verbrennen, und die Wahrheit selber offenbaren.«[44]

Der Mystiker rückt immer wieder sowohl von der etablierten Form der Wissenschaft als auch von der Alchimie ab. Trotz des Interesses, das er gewiss Letzterer entgegenbringt, will er mit ihr nicht in Verbindung gebracht werden.

»Du darfst mich darum für keinen Alchimisten halten, denn ich schreibe allein in Erkenntnis des Geistes und nicht durch Erfahrenheit.«[45]

Was ihm vorschwebt, ist eine Seinsweise, die aus dem unmittelbaren Empfinden und Wahrnehmen des reinen Menschen hervorgeht. Der physisch, psychisch und moralisch geläuterte Mensch sieht, was der physisch, psychisch und moralisch kranke Mensch nicht zu sehen vermag. Denn er, der Mikrokosmos, trägt in sich die Grundgesetze des Ganzen. An einer Stelle wendet sich Böhme direkt an den Mediziner:

»Dem Doktor, will er Doktor genannt sein, gehöret der ganze Prozess zu studieren, wie Gott das Universal[46] im Menschen habe herwieder bracht, das ist an der Person Christi, von seiner Eingehung in die Menschheit, bis zu seiner Himmelfahrt und Sendung des Hl. Geistes, ganz und klar offenbar. Diesem einigen Prozess soll er nachgehen, so mag er das Universal finden, so er aus Gott wiedergeboren ist. Aber die eigene Wollust, weltliche Herrlichkeit, Geist und Hoffart lieget euch im Wege.«[47]

An der Wende zum dritten Jahrtausend hat die Wissenschaft mit der Entwicklung der Technik einen Höhepunkt ihrer Geschichte erreicht. Der Höhepunkt dieses Erfolges geht mit der größten Bedrohung von Natur und Mensch einher. Auch diejenigen, die blind an den wissenschaftlichen Fortschritt glauben, sind beunruhigt. Wir beginnen etwas einzusehen, das Jakob Böhme unermüdlich betonte. Die Probleme, die mit der Entwicklung der Naturwissenschaft entstanden, sind nicht wissenschaftlicher Natur. Es sind geistige, psychische und moralische Probleme des Menschen. Bevor der Naturwissenschaftler Handlungen vollzieht, die über das Leben des Planeten entscheiden, muss er ein guter, verantwortungsbewusster Mensch werden. Das Problem der Atombombe ist nicht die Atomphysik, sondern das Herz des Menschen, sagte einmal Einstein. Was sich in diesem Satz bekundet, macht geradezu die Substanz der Grundhaltung Jakob Böhmes aus. Am Ende eines Forscherlebens als Atomphysiker des 20. Jahrhunderts gelangte der Nobelpreisträger Albert Einstein zu Einsichten, die dem Weisen aus Görlitz in einer begnadeten »Viertelstunde« vor vierhundert Jahren aufgingen.

Bei einer der Disputationen im Haus des Theodor von Tschesch begegnet Böhme 1622 A. v. Franckenberg, der sein erster Biograph wurde. Wie Karl von Ender, der die *Morgenröte im Aufgang* publik machte, spielt auch Johann Siegismund von Schweinichen eine große Rolle. Böhmes Denken bedeutete für diesen mehr als nur Wissen. Sein Leben veränderte sich radikal, als er ihn kennen lernte. 1623 wollte er, um dem Lehrer seine Dankbarkeit zu erweisen, wichtige Schriften in Buchform erscheinen lassen. Jakob Böhme war damit einverstanden. Dies sollte die Wirkung seines Denkens, aber auch den Widerstand verstärken.

Böhmes Schriften waren bisher handschriftlich kopiert und verbreitet worden. Das war eigentlich schon ein Verstoß gegen das Schweigegebot von 1613. Aber es hatte kein Aufsehen erregt. Nun erschien Anfang 1624 bei dem Görlitzer Drucker Johann Rhamba Der Weg zu Christo. Oberpfarrer Gregor Richter empfand die Herausgabe als eine Provokation und reagierte entsprechend. Auf übelste Weise griff er den Mystiker an. Sein Buch sei voller Irrtümer und Gotteslästerungen. Es stinke nach Pech und Schusterschwärze. Solches bleibe nicht ungestraft. Das Kirchenvolk von Görlitz sei in großer Gefahr durch diesen Halunken, donnerte er von der Kanzel herab.

Doch zeigen die Angriffe Richters auch eine positive Wirkung.

Durch seine Schmähschrift werden die Menschen auf das böhmesche Buch aufmerksam und neugierig. So sieht es auch der Autor,
der von der Aktion Richters auf Reisen erfährt. Am 5. März 1624
schreibt er an Martin Moser in Goldberg:

»Aber wisset dieses zur Nachricht, dass seine Schmähung
und seine Lügen nur mein Büchlein hat publizieret und offenbart, dass es jetzt fast jedermann, Adel und Gelehrte, auch
einfältige Leute, begehren zu lesen und sehr lieb haben; welches
Büchlein in kurzer Zeit ist fast durch ganz Europa erschollen
und kommen, und sehr geliebet wird. Auch am Kurfürstl. Hofe
Sachsen, dahin ich dann auf ein Gespräch bin zu hohen Leuten
gebeten worden, welches ich ihnen bewillige im Ausgange der
Leipziger Messe zu vollziehen. Wer weiß, was alsda möchte
geschehen, ob nicht dem unverschämten Lästerer möchte das
Maul zugestopfet, und die Wahrheit gepflanzet werden.«[48]

Böhme kehrt von seiner Reise nach Görlitz zurück. Am 26. März
1624 wird er vor den Stadtrat geladen. Die Versammlung kommt
zu keiner eindeutigen Entscheidung. Die Verleumdungen des
Oberpfarrers will der Magistrat zwar nicht billigen, ihm entge-
gentreten aber auch nicht. Der Versuch, Jakob Böhme aus der
Stadt Görlitz zu entfernen, erweist sich als unrealisierbar. Die
Lage hat sich inzwischen zu seinen Gunsten geändert. Zwar steht
er vor dem Stadtrat ganz allein, ohne Schützenhilfe. Aber es wird
deutlich, dass er im Rat Fürsprecher hat. Dabei geht es nicht mehr
nur um Lehre und Person des Philosophen. Eine entscheidende
Frage steht nunmehr zur Debatte: die Religions- und Geistesfreiheit, die ihm der Oberpfarrer Gregor Richter streitig macht.
Über den Verlauf der Stadtratsversammlung schreibt Böhme am
6. April 1624 an Johannes Siegismund von Schweinichen:

»Solches hat Frisius[49] getan und mich bei einem E. Rath
zu Görlitz, auf unseres Primarii Begehren, also mit einem
lügenhaftigen Schreiben angegeben.

Über dieses ist unser Primarius zu den vornehmsten
Herren unserer Stadt zum öftern gelaufen und also heftig mit
Lügen über mich gewütet und mich angeklaget und begehret,
dass so balde ich würde zu Hause kommen, so sollte man
mich ins Gefängnis stecken und von der Stadt verjagen, auch
ein solches Lügen- und Klag-Schreiben bei dem Rat eingeleget
und mir die Hölle wohl geheizet und das Bad zugerichtet.

Nachdeme aber schon fast die meisten Herren des Rates
mein gedrucktes Büchlein gelesen hatten, und in demselben
nichts Unchristliches befunden, auch von etlichen sehr beliebet
ist worden, neben auch vielen von der Bürgerschaft, so haben
etliche solches Vorhaben und Begehren des Primarii für
unbillig geachtet, es sei keine rechtmäßige Ursache zu solcher
Verfolgung an mir und darwider geredet und gesaget, sei doch
diese Religion nichts neues, es sei eben der Grund der alten
hl. Väter, da man mehr dergleichen Büchlein würde finden.«[50]

Tatsächlich ist *Der Weg zu Christo* eine rein erbauliche und seine
am wenigsten revolutionäre Schrift. Sie steht unproblematisch in
der mystischen Tradition; der Einfluss von Thomas a Kempis etwa
ist unverkennbar. Die Stadträte können sich nach der Lektüre der
Schrift überzeugen, dass Richters Angriffe in der Sache unbe-
gründet sind und den Grundsatz der Geistesfreiheit gefährden.
Aber gerade weil es kein Sachstreit ist, geht die Verfolgung weiter.
Die Ratsmitglieder, die Richter für sich gewinnen konnte, empfehlen dem Mystiker, sich »bei Seite zu machen«, die Schriftstel-
lerei also sein zu lassen, damit wieder Friede herrsche.
Jakob Böhme bekommt Angst. Aber er schreibt trotzdem, bevor
er dem Druck nachgibt, eine brillante *Schutzrede wider Gregor
Richter*. Satz für Satz entkräftet er die Anschuldigungen des

Oberpfarrers, die seine Person, seinen Beruf und sein Werk beschmutzen. Er stellt in manchmal köstlich ironischen, aber auch scharfen Sätzen Dogmatismus, Oberflächlichkeit und unordentliches Leben des Geistlichen bloß:

»Ich glaube fast wohl, dass Ihr nichts davon verstehet, denn es ist nicht jedermann Gabe, sondern wem es Gott giebet (...). Aber ich wollte Euch mein Buch Morgenröte an allen Dingen weisen, wenn Ihr nicht so ein zorniger, eiferiger Mann wäret, dass man könnte mit Euch reden; aber Ihr verhindert mit solchem Schmähen nur Gottes Gabe und machet Euch selber unwürdig.«

Zur Verleumdung, er würde dem Branntwein über Gebühr zusprechen, antwortet der Angegriffene:

»Was der Herr Primarius dem Schuster zulegt, das ist er selber. Man pfleget den Herrn Primarium bisweilen unter dem Tische in Trunkenheit aufzulesen und nach Hause zu führen (...).

Die Edlen und Gewaltigen, welchen mit Vollsaufen gedienet ist, die lassen mich nicht zu sich fordern, sondern nur fromme, gottesfürchtige Herren, denen ihre Seligkeit ein Ernst ist (...).

Wir Armen haben ihn (sc. den Branntwein) nicht zu zahlen. Wir müssen mit einem Trunk Bier (oder Trinken, wie wir das können erzeugen) vorlieb nehmen.«[51]

Trotz all dem sieht der mystische Philosoph im Oberpfarrer Richter geradezu Gottes Werkzeug. Seinen Bezichtigungen verdankt er den entscheidenden Anstoß zur Verbreitung seiner Schriften und auch zur Läuterung und Ausreifung seiner Persönlichkeit.

Jakob Böhme ist nun neunundvierzig Jahre alt geworden. Nur noch ein halbes Jahr hat er zu leben, als er am 10. Mai 1624 auf Reisen geht, um der Einladung an den Dresdener Hof – trotz Reiseverbots des Magistrats – Folge zu leisten. In Zittau trifft er mit Johann Molinus und Caspar von Fürstenau sowie mit anderen Gesinnungsfreunden zum Gedankenaustausch zusammen. In Dresden ist er Gast beim Hofarzt und kurfürstlichen »Chymiker« Benedikt Hinckelmann, der ihm freundschaftlich Höflichkeiten erweist und Gelegenheit zu vorzüglichen Gesprächen bietet.

Doch Böhme sorgt sich um seine Familie, die in Görlitz dem Gespött der Menge ausgesetzt ist. Am 15. Mai 1624 schreibt er an den Görlitzer Arzt Tobias Kober von Dresden aus:

»Bitte, wollet meine Frau und alle guten Brüder, in Christo unserer Liebe, grüßen, insbesondere Herrn Hans Kothen mein Wesen andeuten, dass er es Herrn Carl Endern und seinem Bruder Michael Endern schreibe, ob es möchte Herr Hans Siegmund zu wissen bekommen, wie es jetzt um mich stehe, will ihnen sämtlich ehestens schreiben, ietzo konnte ich nicht wegen Hinderung; und doch meine Frau trösten, dass sie den unnützen Kummer fahren lasse, es ist keine Gefahr bei mir, ich sitze ietzo so gut und besser als zu Görlitz; sie soll nur zu Hause bleiben und stille sein, und Babel lassen brennen, unser Feind stehet im Feuer, darum ist er so zornig. Und empfehle euch der Liebe Jesu Christi! Geben in Dresden, ut supra.[52]

Euer in der Liebe Jesu Christi Dienstw.

Teutonicus«[53]

Dies ist einer der wenigen Briefe, die Böhme mit Teutonicus unterschreibt. In den letzten Monaten seines Lebens tut er es öfters. Diese Namengebung deutet auf eine stark gewordene Identität hin. Trotz aller Verleumdungen und Verfolgungen wird er sich seiner Sache immer sicherer. Was erwartet er eigentlich in Dresden, wenn er mit diesen wichtigen Männer zusammentrifft? Verbreitung seiner Botschaft, Schutz seiner Familie und Unterstützung seiner schriftstellerischen Tätigkeit. So schreibt er es an Tobias Kober. Der Brief ist vom Freitag nach Pfingsten datiert:

»Am Donnerstage nach Pfingsten hat mich neben meinem Wirt Hrn. Sickelmann und einem Doctor Medicinae, lassen der wohl-edle, gestrenge Herr Joachim von Lotz, Kaiserl. Majest. und Kurfürtl. Geheimer Rat und Reichs-Officirer, auf sein Schloss Pölnitz (eine Meile von Dresden) auf seiner Kutschen abholen, und sich mit mir vernommen. Welchem Herrn meine Sachen und Gaben hoch belieben welcher mir auch geneigten Willen und Beförderung versprochen hat, auch angedeutet, dass er wolle meine Person beim Kurfürsten fördern, und sehen, dass ich etwa möchte Unterhalt und Ruhe bekommen, mein Talent zu fördern.

Dieser Herr ist ein sehr gelehrter und hochverständiger Mann, welcher auch unserm Lande, sowohl Schlesien nach dem Falle Friderici, unsers gewesenen Königes, in Schlichtung der Haupt-Sachen, sehr viel gedienet hat, und gehen alle hohe Sachen durch seinen Rat, welcher begehret hat, ich wollte öfter bei ihm erscheinen, er wollte mein Patron und geneigter Förderer sein; und warte auf dato stündlich, wann mich Ihre Kurf. Durchl. wird vor sich erfordern lassen, welches ich durch obgenannter seiner Räte Andeuten und Förderung gewärtig bin; und sind auch viel andere Herren und Räte, denen mein Büchlein beliebet, wie dann auch dem Superintendenten[54] Aegidio Strauch, und hoffe, es werde alles gut werden nach erlittenem Schaden und Verfolgung.

Hätte nun der Herr Primarius zu Görlitz etwas wider mich zu klagen, so möchte ers jetzt allhier bei des Kurfürsten Räten vorbringen und seine giftige Verleumdung bei E. Rath, meinem

Herren zu Görlitz, unterwegen lassen. Allhie wollte ich ihm zu Rechte[55] stehen und seine Lügen ins Angesichte stellen, welche er hat giftiger Weise vor der Gemeinde und im Pasquill über mich ausgeschüttet.«[56]

Neben der Sorge um die eigene Person und um seine Familie steht die um die Verbesserung der menschlichen Zustände, die große Reformation, in deren Dienst er die Kraft seines Geistes stellt. Im selben Brief fährt er fort:

»Ich hoffe noch, es wird bald die Zeit der großen Reformation kommen, da man sie auch wird reformieren, und heißen Christum, und nicht Schuster-Pech und Schwärze, lehren, und Christi Kinder lästern. Er komme nur zu Dresden in den Buchladen, er wird die neue Reformation genug sehen, welche meinem Grunde gleich siehet, was den theologischen Grund antrifft: Ich höre allhie nichts darwieder lästern, dann es wird mit Freuden gelesen, wie dann auch der Superintendent Aegid. Strauch, sowol auch Doctor Hoe die neue Geburt und den inneren Menschen anietzo selber lehren; es mag es ihnen der Primarius zu Görlitz auch verbieten; und viel andere in Meissen, Sachsen, Thüringen und in den See-Städten schreiben und lehren davon gar recht; so das unser Primarius will wehren, so hat er Zeit, dass er ein Concilium ausschreibe, und die Reformation vornehme, oder werden eitel Enthusiasten werden, wie er sie heißet.

Ich bitte, wollet doch meine Frau und Söhne grüßen, und ihnen dieses lesen lassen, und sie zu Geduld und Gebet vermahnen, ich hoffe, es wird alles gut werden; sie sollen sich nur noch ein wenig gedulden, wer weiß, wie es noch mag ablaufen, es kann mir diese Verfolgung noch wohl zum allerbesten kommen.«[57]

Zum Kern der böhmeschen Lehre gehört die *Wiedergeburt*. Er versteht darunter einen schmerzhaften Prozess, wodurch der Mensch zu sich selbst kommt, aus sich selbst entsteht, ohne dass dies seine Leistung wäre. Dadurch geschieht unaufhörlich die Geburt Gottes in der Geschichte. Böhme hat diesen Prozess durchlebt, durchlitten. Aus der Evidenz, welche die eigene Selbsterfahrung dem Menschen gibt, glaubte er, die Erneuerungsbewegung überall aufblühen zu sehen. Es geschah aber tatsächlich nur in seinem Herzen und in den Herzen einiger Freunde.

Wir wissen nicht, wie lange er in Dresden weilt. Hat er dort wirklich etwas erreicht? Nach einer Legende soll ein Kolloquium stattgefunden haben. Aber mehr als höfliche Aufmerksamkeit seitens einiger wichtiger Herren und das Wiedersehen mit Freunden konnte er vermutlich nicht für sich verbuchen.

Inzwischen stirbt Oberpfarrer Gregor Richter. Im Monat August wird von einer Erkältung Böhmes berichtet. Er reist wieder zu einigen schlesischen Freunden. Franckenberg erwähnt diese letzte Reise: »Als er im Jahre 1624 etliche Wochen über bei uns in Schlesien war und neben anderen erbaulichen Gesprächen von der hochseligen Erkenntnis Gottes und seines Sohnes, sonderlich aus dem Lichte« der geheimen und offenbarten Natur zugleich die drei Tafeln von göttlicher Offenbarung (an Johann Siegismund von Schweinichen und mich A. v. Franckenberg gerichtet) verfertigte, ist er nach meinem Abreisen mit einem hitzigen Fieber überfallen, wegen zu vielem Wassertrinkens zerschwollen und endlich seinem Begehren nach also krank nach Görlitz in sein Haus geführt worden.«[58]

Krank greift der Mystiker noch einmal zur Feder, um die 177 theosophischen Fragen zur *Betrachtung göttlicher Offenbarung (Quaestiones theosophicae)* niederzuschreiben. Die Schrift bleibt Fragment. Am 7. November 1624 trifft er »mit großer Geschwulst und Mattigkeit« in Görlitz ein. Der Arzt und Freund Tobias Kober erkennt sofort die gefährliche Lage des Patienten. Wassersucht und Kreislaufstörungen lautet seine Diagnose. Die Kräfte lassen rasch nach. Kober pflegt den Kranken. Frau Katharina ist auf Geschäftsreise und weiß nichts von der Erkrankung ihres Mannes. Auf dem Sterbebett wird er noch von der protestantischen Orthodoxie – wie einst von Gregor Richter – gepeinigt. Darüber berichtet Kober, der die letzten Tage Böhmes für die Freunde aufzeichnet.

Das letzte Abendmahl wird dem Sterbenden vom lutherischen Pfarrer erst nach Beantwortung einer Reihe dogmatischer Fragen gereicht. Um Mitternacht ruft Böhme seinen Sohn Tobias und fragt, ob er auch die schöne Musik höre. Tobias verneint. Der Sterbende bittet darum, die Türen zu öffnen, damit der Gesang besser zu hören sei. *Nun fahre ich hin ins Paradeis!* sagt er. Er verabschiedet sich von seiner Familie und schläft am 17. November 1624 ruhig ein.

Oberpfarrer Nikolaus Thomas verweigert die von Tobias Kober bestellte Beerdigung. Der Pfarrer will weder eine Predigt halten noch die Leiche zu Grabe geleiten. Kober bittet den Bürgermeister von Görlitz, sich der Sache anzunehmen. Der Stadtrat wird zu einer Sondersitzung einberufen. Nach langer Überlegung wird nach dem Satz »humanum et pium esse, haereticos honesta sepultura affici« entschieden. Das heißt: »Es ist menschlich und fromm, auch die Ketzer anständig zu begraben«. Nachdem der Primarius Krankheit vortäuscht, wird ein Ersatzprediger auf dem Rathaus verpflichtet. Er sei vom Stadtrat gezwungen worden, erklärt er den Anwesenden; die dafür üblichen Gebühren lehne er ab. Schnell, widerwillig, ohne den Vermeldezettel mit dem Bericht über den ruhigen Tod Böhmes zu Ende zu lesen, entledigt er sich seiner Aufgabe. Das Grabkreuz, das die Freunde wenig später errichten, besudelte und zerstörte das aufgehetzte Volk.

So endete der irdische Weg des ersten deutschen Philosophen. Doch das wahre Leben des Philosophus Teutonicus besteht nicht aus den äußeren Fakten seines historischen Verlaufs. Die eigentliche Existenz des Menschen Jakob Böhme ist die geschichtliche Entfaltung seines Erlebens und des sehenden Denkens, das daraus hervorging.

Das Phänomen

Schelling (1775-1854), der 1806 in München durch den »Boehmius redivivus« Franz von Baader (1765-1841) Böhme entdeckte, urteilte im Alter über den Teutonicus so: »Man kann nicht umhin, von Jakob Böhme zu sagen, er sei eine Wundererscheinung in der Geschichte der Menschheit, und besonders in der Geschichte des deutschen Geistes. Könnte man je vergessen, welcher Schatz von natürlicher Geistes- und Herzenstiefe in der deutschen Natur liegt, so dürfte man sich nur an ihn erinnern, der über die gemeinpsychologische Erklärung, die man von ihm versucht[59], in seiner Art ebenso erhaben ist, wie es z. B. unmöglich wäre, die Mythologie aus geheimer Psychologie zu erklären. Wie die Mythologie, so ist Jakob Böhme mit der Geburt Gottes, wie er sie uns beschreibt, allen wissenschaftlichen Systemen der neueren Philosophie vorausgegangen.«[60]

Nach fast zweihundert Jahren hat dieses Urteil nichts an Aktualität verloren. Jakob Böhme ist auch der heutigen naturwissenschaftlich begründeten philosophisch-mystischen Weltsicht vorausgegangen.

Worin besteht das Eigentümliche dieses Phänomens?

In jener »Viertheil-Stunde«, in der er »mehr gesehen und gewusst« hatte, als wenn er »viel Jahr auf hohen Schulen gewesen« wäre, öffnete sich ihm plötzlich die »Tiefe dieser Welt«. Aber erst die jahrelange Verfolgung und Trockenheit des Geistes, die wiederholte Erfahrung von Tiefpunkten und die Annahme der eigenen Schwäche gaben seiner Vision Gestalt und seinem Dasein Substanz. Auf seinem langen Leidensweg war ihm der Schlüssel zum Verständnis des Rätsels des Seins geschenkt worden. Allein der

Wiedergeborene existiert wirklich. 1620 erzählte er rückblickend an A. von Sommerfeld und Falckenheim:

»Aber es ging mir, gleich als wenn ein Korn in die Erde gesäet wird, so wächst das hervor in allem Sturm und Ungewitter, wider alle Vernunft, da im Winter alles wie tot ist, und die Vernunft spricht: Es ist nun alles hin. Also grünete das edle Senfkorn wieder hervor in allem Sturm, unter Geschmack und Spott, als eine Lilie und kam wieder mit hundertfältiger Frucht, dazu mit tiefrer und eigentlicher Erkenntnis und mit feurigem Trieb. Aber mein äußerer Mensch wollte nicht mehr aufschreiben, sondern war etwas blöde, bis es dann auch dahin kam, dass der Innere den Äußeren gefangen nahm (...). Und als dies geschah, so ward der innere Mensch gewappnet und kriegte gar einen teuren Führer, dem habe ich meine Vernunft ganz heimgestellt, auch nichts gesonnen oder der Vernunft zugelassen, was ich doch schreiben wollte, ohne das, dass mir es der Geist gleich als in einer großen Tiefe im Mysterio auf einem Haufen immer zeigete, aber ohne meinen genugsamen Begriff, denn die Creatur ist nichts als Gott, der alles in seiner Weisheit auf einmal fasst und tut.«[61]

Ihm öffnet sich eine höhere Form von Wissenschaft. Es ist ein Wissen, das die Urbestimmung der Dinge sieht. Der mystische Naturphilosoph zwingt ihnen nichts auf, lässt sie sein. Dieses Wissen ist Tiefe und Weisheit. Deren Grundzüge gewinnt er aus dem Leben selbst. Immer wieder erfährt er, dass aus der Finsternis von Zusammenbrüchen unverhofft neues Licht aufscheinen kann, und lernt so, dass das Leben unaufhörlich aus dem Tode hervorgeht. Dieses Grundgesetz des Seins nachzuvollziehen ist entscheidend. Das Problem, das ihn als junger Mann quälte – die allseitige Präsenz der Negativität in der Form von Bosheit, Krankheit und Tod –, beginnt eine Lösung zu finden.

»Der Leser soll wissen, dass in Ja und Nein alle Dinge bestehen, es sei göttlich, teuflisch, irdisch oder was genannt mag werden. Das Eine, als das Ja ist eitel[62] Kraft und Leben und ist die Wahrheit Gottes oder Gott selber. Dieser wäre in sich selber unerkenntlich und wäre darinnen keine Freude oder Erheblichkeit[63], noch Empfindlichkeit[64] ohne das Nein. Das Nein ist Gegenwurf des Ja oder der Wahrheit, auf dass die Wahrheit offenbar, und etwas sei, darinnen ein Contrarium[65] sei, darinnen die ewige Liebe wirkend, empfindlich, wollend, und das zu lieben sei. Und können doch nicht sagen, dass das Ja vom Nein abgesondert und zwei Dinge nebeneinander sind, sondern sie sind nur ein Ding, scheiden sich aber selber in zwei Anfänge (Principia) und machen zwei Zentren, da ein jedes in sich selber wirket und will. Gleichwie der Tag in der Nacht und die Nacht in dem Tage zwei Zentren sind, und doch ungeschieden, als nur mit Willen und Begierde[66] sind sie geschieden.«[67]

Der Mensch muss den richtigen Blickwinkel finden, aus dem heraus er die positive Bedeutung dessen entdeckt, was sonst als heilloser Unsinn erscheinen muss. Böhmes Gabe bestand darin, das eigene Leben so ursprünglich zu erfahren und so tief zu reflektieren, dass er im Mikrokosmos des menschlichen Individuallebens die Gesetze des Makrokosmos erblickte. So ist zu verstehen, dass der ungebildete Schuster Phänomene sehen und beschreiben konnte, für deren Entdeckung die Wissenschaft Jahrhunderte brauchte, und sich ihm solche enthüllten, die von ihr immer noch nicht beachtet werden. Schelling erkannte, dass Böhme mit seiner Beschreibung der Geburt Gottes »allen Systemen der neueren Philosophie« vorausgegangen war. Dies gilt heute noch. Durch seinen tiefen Blick in die Seele des Menschen nahm er die Grundeinsichten der Tiefenpsychologie vorweg.[68] Mit seiner Fähigkeit, die Sprache (»Natursprache«) ursprünglich zu hören, deckte er eine Sprachebene auf, die zu den künftigen Aufgaben der Sprachwissenschaft gehört.[69] Dank seiner Gabe, die Entsprechung zwischen anthropologischen und Naturphänomenen zu erkennen, öffnete er der Wissenschaft einen Weg, der nun aktuell geworden ist. In der Zeit, in welcher die Wissenschaft begann, sich zu zersplittern und in bodenloser Spezialisierung auseinanderzufallen, versuchte er, alles auf die gemeinsame »Mutter« zurückzuführen und jedes von daher zu verstehen.[70]

Jakob Böhme stellt die Gestalt des gereinigten Menschen dar, der ursprünglich sieht und hört. Seine hohe Wissenschaft entsteht spontan und unmittelbar, weil er aus der äußeren Gestaltung der Dinge sofort deren Wesen[71] zu gewinnen vermag. Wie die Züge des Gesichts eines Menschen Niederschrift seiner Lebensgeschichte sind, so stellen die Dinge geronnene Lebensprozesse dar. Die Rinden eines Baumes erzählen demjenigen, der lesen und hören kann, die Geschichte des Waldes. Die äußere Gestalt eines Menschen oder einer Sache ist Ausdruck jener Innerlichkeit, als die sich der genetische Weg gesammelt hat. Das Leben schreibt sich ununterbrochen nieder, hält seine Hauptmomente fest, verewigt sich selbst. Einen Menschen oder ein Ding verstehen heißt, dessen Lebensbuchstaben lesen und so in die Bewegung des Weges hineingehen zu können, auf dem sich sein Wesen gestaltet hat. Jakob Böhme nennt die äußere Gestalt der Dinge – die Lebensbuchstaben, welche die Einmaligkeit ihrer Lebensgeschichte bekunden – ihre *Signatur*.

»Alles, was von Gott geredet, geschrieben oder gelehret wird, ohne die Erkenntnis der Signatur, das ist stumm und ohne Verstand, denn es kommt nur aus einem historischen Wahn, von einem anderen Mund, daran der Geist ohne Erkenntnis stumm ist. So ihm aber der Geist die Signatur eröffnet, so verstehet er des andern Mund, und verstehet ferner, wie sich der Geist aus der Essenz[72] durchs Principium[73] im Hall mit der Stimme hat offenbaret.

Denn dass ich sehe, dass einer von Gott redet, lehret und schreibet, und gleich dasselbe höre und lese, ist mirs noch nicht genug verstanden. So aber sein Hall und sein Geist aus seiner Signatur und Gestaltnis[74] in meine eigene Gestaltnis eingehet und bezeichnet seine Gestaltnis in meine, so mag ich ihn in rechtem Grunde verstehen, es sei geredet oder geschrieben, so er den Hammer hat, der meine Glocken schlagen kann.«[75]

Böhmes Grunderfahrung war, wie wir sahen, das Schauen eines glänzenden Zinngefäßes. Er sprach vom »jovialischen Schein«, der sich ihm bei diesem Erlebnis geoffenbart hatte. Was hatte er gesehen? Er hatte erfahren, dass alles lebt und sich in einer bestimmten Form seiner Umgebung mitteilt. Hatte er vielleicht die Eigenart des Wesens des Zinnes und durch diese die des Planeten Jupiters gefühlt? Hatte er die kosmische Entsprechung wahrgenommen? Wenn die Wissenschaft von toter Materie spricht, so entspringt diese Auffassung einer verkürzten Sicht des Menschen, der die Fähigkeit zu sehen und zu hören verloren hat. Nichts ist tot in der Natur. Alles lebt, spricht und will berücksichtigt werden. Alles will sich mitteilen; denn jedes Wesen braucht alle anderen, um sein zu können. Nichts hat in sich selbst seinen Sinn. Jedes schöpft seine Bedeutung aus der Geschichte, der Umgebung und den Zusammenhängen, in die der Lebensprozess es gestellt hat. Mensch und Ding wollen gepflegt und geachtet werden. Von der tiefsten Dimension her gesehen ist die Wirklichkeit ein Liebesgeschehen, das sich oft missversteht und ins Gegenteil umschlägt. Was als Liebe geschehen will, missglückt, wird Hass. Die böhmesche Wissenschaft möchte das Missverständnis rückgängig machen. Das Wesen der Dinge versteht der Naturmystiker daher als *Mitteilung*. Das Sichhingeben, um angenommen werden zu können, macht die Substanz des Seienden aus. Wesen heißt darum für ihn Wort. Stimme, Sprache, Hall sind Lieblingsausdrücke des Philosophus Teutonicus. Das sind keine

Begriffe, aber auch keine Metaphern. Es sind Bildausdrücke, welche die Dinge als Phänomene erfassen. *Phainómenon* bedeutet das, was sich zeigt, das Sichoffenbaren. Die Dinge öffnen durch ihr Dasein als Wort die Innerlichkeit ihres Wesens. Der Mystiker erfährt die Schöpfung als Gesprächsgeschehen. Er erlebt die Welt als Musik, den Kosmos als Symphonie. Alles ist ihm, dem Hörenkönnenden, Klang.

»Denn mit dem Hall oder der Sprache zeichnet sich die Gestalt in eines andern Gestaltnis ein, ein gleicher Klang fanget und beweget den andern und im Hall zeichnet der Geist seine eigene Gestaltnis, welche er in der Essenz geschöpfet hat, und hat sie in Principio zur Form bracht, ein, dass man im Worte verstehen kann, worinnen sich der Geist geschöpfet hat, im Bösen oder Guten. Und mit derselben Bezeichnung gehet er in eines anderen Gestaltnis und wecket in einem andern auch eine solche Form in der Signatur auf, dass also beider Gestaltnis in einer Form miteinander inqualieren[76], alsdann ists ein Begriff, ein Wille und ein Geist, auch ein Verstand.«[77]

Die Welt ist Liebesgeschehen, in dem sich Mensch und Dinge ansprechen, aussprechen, einander zuwenden, um dasjenige Wort zu hören, als das jedes lebt. Jedes Geschöpf ist eine Wortgestalt. Aber das Wort spricht nur, wenn es von jemandem gehört werden kann. Beim Hören der Lebensgeschichte, welche die Dinge in ihrer äußeren Gestalt geronnen darstellen, muss auch jenes mitgehört werden, das nicht gesagt werden kann. Obwohl die äußere Gestalt die innere Geschichte offenbart, gilt doch ebenso, dass das, was ist, immer mehr ist, als das, was gerade erscheint. Eine Stimme hören, ein Wort verstehen, heißt, auch das mitzuhören, was nicht gehört, und das mitzuverstehen, was nicht verstanden werden kann. In der kosmischen Symphonie, als die sich Böhme die Schöpfung offenbart, umhüllt der helle Klang den Abgrund des Unerklärlichen. Diese Dimension fehlt der neuzeitlichen Wissenschaft, insbesondere den Naturwissenschaften, völlig. Erst der ständige Blick auf den letztlich geheimnisvollen Charakter der Dinge und der Menschen vermag im Wissenschaftler eine von Respekt und Verantwortung gekennzeichnete Grundhaltung zu wecken.

Die Seele des Menschen zeigt sich zwar in seinem Gesicht, in seinen Lebensgewohnheiten, in der Umgebung, die er mitgestaltet. Doch der Mensch ist mehr. Ich bin mein Leib. Zugleich bin ich mehr als mein Leib. Darum kann ich richtig behaupten: Ich habe einen Leib, aber ich bin nicht der Leib, sondern das, was sich darin ausdrückt. So lässt sich exakt sagen, dass das, was ich wirklich bin, sich im Leib zeigt und doch zugleich verbirgt. Mein Leib – als das Insgesamt von Leiblichkeit und Umgebung – ist gewordener Behälter eines Seinspotentials, das in eine vergangene abgeschlossene und zugleich zukünftige offene Unendlichkeit weist. Diese paradoxe Struktur der Endlichkeit, die Geheimnis und Offenbarung, Sammlung und Öffnung, Einmaligkeit und Allgemeinheit zugleich ist, drückt Böhme an einer Stelle so aus:

»Und dann zum andern verstehen wir, dass die Signatur oder Gestaltnis kein Geist ist, sondern der Behälter oder Kasten des Geistes, darinnen er lieget. Denn die Signatur stehet in der Essenz und ist gleichwie eine Laute, die da stille stehet, die ist ja stumm und unverstanden. So man aber darauf schläget, so verstehet man die Gestaltnis, in welcher Form und Zubereitung sie stehet und nach welcher Stimme sie gezogen ist. Also ist auch die Bezeichnung der Natur in ihrer Gestaltnis ein stummes Wesen. Sie ist wie ein zugerichtes Lauten-Spiel, auf welchem der Willen-Geist schläget. Welche Saite er trifft, die klinget nach ihrer Eigenschaft.«[78]

Der sehende und hörende Philosoph entdeckt die Welt als Symphonie, welche die Musiker und den Dirigenten erwartet, die den kosmischen Gesang ertönen lassen können.

»Sobald ein Mensch zu dieser Welt geboren ist, so schläget sein Geist sein Instrument, so siehet man am äußern Hall und Wandel seine instehende Gestaltnis im Guten oder Bösen. Denn wenn sein Instrument lautet, so gehen auch die Sinne aus der Essenz des Gemütes und so fähret der äußere Willengeist mit seinen Gebärden, wie man das an Menschen und Tieren siehet, wie also ein großer Unterschied der Gebärung sei, dass ein Bruder und Schwester nicht tut als der ander.«[79]

Vom Rätsel der unerklärlichen Andersheit des Anderen und der unerreichbaren Einmaligkeit des Einzelnen ist er fasziniert. Seine Wissenschaft lässt das Geheimnis nicht beiseite wie die heutige. Sie erklärt es auch nicht, wie viele es damals versuchten. Seine Philosophie ist vielmehr durch eine zarte, aber wache Behutsamkeit im Umgang mit dem Geheimnis gekennzeichnet.

Unser Dasein ist umgeben von Geheimnissen, an die wir uns gewöhnen. Geburt, die uns unbefragt in die Welt setzt, Luft, die wir atmen, Boden, der uns trägt, Blut, das uns belebt, den ständigen Geburtsprozess aus dem Schlaf heraus, der uns leben lässt. Steine, Pflanzen, Tiere, Weltall, Zeit, Tod.

Jakob Böhme gewöhnt sich nicht. Durch sein Grunderlebnis ist er für sein ganzes Leben erweckt worden. Mit fünfundzwanzig Jahren wurde er wieder Kind und blieb es bis zu seinem Tode. Dem wachen Menschen lebt die Welt. Die Dinge sind Worte, welche ihre Geburtsgeschichte erzählen. Diese Worte und diese Sprache liegen vor den Worten und den Sprachen, die wir in der Menschenwelt gewöhnlich als solche bezeichnen. Die Sprachen, welche die Menschen sprechen, bekommen ihre Substanz erst vom Urwort her, das Dinge und Menschen wesenhaft erfüllt. Das

Urwort spricht durch die Worte, welche die Dinge sind. Diese Worte sind die Klänge eines Sprechens, das er Natur-Sprache nennt.

»Denn die Natur hat jedem Dinge seine Sprache nach seiner Essenz und Gestaltnis gegeben (...). Ein jedes Ding hat seinen Mund zur Offenbarung.

Und das ist die Natur-Sprache, daraus jedes Ding aus seiner Eigenschaft redet und sich immer selber offenbaret und darstellet, wozu es gut und nütz sei. Denn ein jedes Ding offenbaret seine Mutter, die die Essenz und den Willen zur Gestaltnis also gibt.«[80]

Sobald die Welt der Ober-Fläche verlassen und in die Tiefe gegangen wird, erweist sich das Leben als ein Geschehen von Geheimnissen. Kein anderer hatte vor ihm – und in dieser Tiefe und Ursprünglichkeit m.W. auch niemand nach ihm – die Welt als Geschichte, als Gebärung, wie er es ausdrückt, radikal genetisch aufgefasst. Gleichzeitig erscheint ihm das Weltall als eine ewige und ewig unbewegliche Größe. Das Leben ist da, greifbar – und zugleich unfasslich: das Geheimnis schlechthin. Der Philosophus Teutonicus vereinigt mit der Selbstverständlichkeit eines kindlichen Dichters Heraklit und Parmenides. In der Welt des Geheimnisses drücken die Worte Paradoxa aus. Ein Paradox ist die Seinsform einer Realität, die Entgegengesetztes vereint. Am paradoxesten ist das erste Wesen, das Wesen aller Wesen, das alles erfüllt, aber nirgends angetroffen werden kann. Darum hat er es Ungrund genannt. Un-Grund verneint, was er bejaht, und drückt in seiner Unbeweglichkeit den unaufhörlichen Fluss einer ewigen Zeit aus.
Was hört Böhme, wenn er das Wort vernimmt, das aus dem Mund der Dinge spricht? Er vernimmt die Sage eines Geburtsprozesses, der je einmalig ist und doch immer dasselbe wieder-holt. In der

Einmaligkeit dieser Wieder-Holung offenbart sich in der Zeit das ewige Geschehen der Geburt Gottes. Die Vergangenheit des Lebens wird wieder Gegenwart. Im Klang des Wortes, das die Dinge gebiert, hört der Mensch das einzige Urwort, welches das Sein durch-stimmt.

Böhmes Werk stellt das Erstaunen vor diesem Wunder dar. Er sieht überall das Geschehen der einzigen Geburt: des dreifaltigen Gottes. An einigen Stellen gelingt es ihm besonders schön, dies auszudrücken. So etwa, wenn er zeigt, wie der hörende und sehende Mensch eine Blume wahrnimmt:

»Das Wort Geist ist die lebendige, ausgehende Bewegnis in der gefassten Kraft im Gleichnis, wie mans an einer Blume verstehen könnte. Das Auftun oder wirkende Wachsen ist der Anfang; die Kraft des Wirkens ist der Umschluss oder die körperliche Einfassung des Wachsens; und der Geruch, welcher aus der Kraft ausgehet, ist die Bewegnis oder das wachsende, ausgehende Freuden-Leben der Kraft, daraus die Blume entspringt, davon man ein Gleichnis siehet, wie sich die Gebärung göttlicher Kraft abbildet.«[81]

Durch die Blume lernt der Mensch, was Geist ist. Die Blume bietet sich dem Menschen als eine Bewegungsgestalt an. Sie öffnet sich, wächst aus sich, doch zugleich im Zusammensein mit anderen, denn sie braucht, um wachsen zu können, Wasser, Licht, Luft, Raum, Zeit. Das Empfangene gibt die Blume in der ihr eigentümlichen Form zurück: als Duft. Der Duft der Blume ist ihr Dankeswort an die Umgebung, die ihr das Sein ermöglicht. Sie gibt sich hin und bleibt doch nur bei sich. Die Blume ist, wie Gott, In-sein und Bei-sein. So vollzieht sich das Geschehen als Freude. Die Blume freut sich über die anderen, die sie beschenkt. Die Menschen genießen das Geschenk und freuen sich über die Blume.

56

Was haben wir nachvollzogen, wenn wir die Blume so erfahren? Ihr habt, sagt der Mystiker, die Geburt Gottes miterlebt. Denn alles, was ist, lebt aus dieser dreifachen Bewegung: Sichöffnen, Sichhingeben, Sich-in-sich-Zurückschließen, um sich wieder öffnen zu können. Diese Bewegung ist die Wiege des Lebens. Aber es geschieht jeweils unvordenklich anders. Des Menschen Bestimmung ist es, die Welt zu pflegen, auf dass die jeweilige Einmaligkeit der Gottesgeburt in der Zeit unaufhörlich und freudevoll geschehen möge.

Der Mensch, der in der mystischen Welt dieser Philosophie entsteht, ist ein sehender Mensch. Sehen heißt eigentlich *ent-decken*. Dieses Sehen muss gelernt werden. Oft leben wir jahrelang mit einem Menschen zusammen. Aber wir sehen ihn nicht, weil wir ihn nicht entdecken. Wie oft haben wir das Gefühl, gerade von den Menschen, mit denen wir leben, nicht wahrgenommen zu werden? Sie kennen uns äußerlich. Aber sie haben uns nicht entdeckt, darum auch nicht gesehen.

Soll ein Mensch gesehen werden, so muss seine Lebensgeschichte nicht nur gewusst, sondern entdeckt werden. Diese Entdeckung muss auf einer doppelten Ebene stattfinden: Einmal in ihrer Einmaligkeit als unwiederholbares Ereignis, zugleich aber als Wieder-Holung des Geburtsprozesses des Wesens aller Wesen. Im Geiste Böhmes wird dem Menschen keine Anthropologie gerecht, die ihn nicht als unmittelbare Gottesgestalt sieht. Darin wurzeln seine Würde, sein Recht auf Leben und seine Freiheit. Im Sinne des Mystikers hat auch keine Naturwissenschaft Recht, welche die Dinge nicht als Offenbarungsort des Göttlichen betrachtet.

»Und ist kein Ding in der Natur, das geschaffen oder geboren ist, es offenbaret seine innerliche Gestalt auch äußerlich, denn das innerliche arbeitet stets zur Offenbarung, als wir solches an der Kraft und Gestaltnis dieser Welt erkennen, wie sich das ewige Wesen mit der Ausgebärung in der Begierde

57

hat in einem Gleichnis offenbaret, wie es sich hat in so viel Formen und Gestaltnissen offenbaret, als wir solches an Sternen und Elementen, sowohl an den Kreaturen, auch Bäumen und Kräutern sehen und erkennen.

Darum ist in der Signatur der größte Verstand, darinnen sich der Mensch (als das Bild der größten Tugend) nicht allein lernet selber kennen, sondern er mag auch darinnen das Wesen aller Wesen lernen erkennen (...).

Der Mensch hat zwar alle Gestaltnisse aller drei Welten in sich liegen, denn er ist ein ganzes Bild Gottes oder des Wesens aller Wesen. Allein in seiner Menschwerdung wird die Ordnung in ihm gestellet (...).«[82]

Der Mensch stellt eine Zusammenfassung des Naturprozesses dar, so dass durch ihn die Urstruktur des Seins sprechend wird. Das Wesen des Seins ist Leben. Das Wort, das der Mensch ist, verkündet, wie alles gebaut ist und wie jedes seinem Wesen gemäß leben soll, um mit sich selbst und dadurch mit dem Ganzen in Übereinstimmung zu kommen. Die Gemeinsamkeit von Natur und Menschen zu ermöglichen, ist die Uraufgabe des Menschen überhaupt.

Die Tragödie der Menschenwelt besteht darin, dass dasjenige Geschöpf, das dazu bestimmt ist, die Ordnung im Ganzen zu erhalten und das Kranke zu heilen, selbst in Unordnung und krank ist. Die Wissenschaft, die der Mensch betreibt, ist die Wissenschaft eines unreifen Wesens. Zur Voraussetzung der höheren Wissenschaft, die Böhme eröffnen will, gehört die Heilung des Subjekts. Nur der gesunde Mensch kann eine gesunde Wissenschaft hervorbringen. Da er krank ist, muss er vorher geheilt werden. Wie soll aber Heilung geschehen?

Böhmes Lösung dieses Problems kommt in einem Abschnitt des Buches *De Signatura rerum* »Eigentlicher Prozess in der Figurierung des magischen Kindes« zur Sprache. Darin geht es um einen

Prozess, der zu dem führen soll, was mit »Figurierung« des magischen Kindes gemeint ist. Der Magus ist der Zauberer, der aus allem Gold macht, der also überraschend verborgene Möglichkeiten aus den Dingen hervorzuzaubern. Freilich muss das, was er aus den Dingen gewinnt, schon in ihnen sein; es wird nur nicht gesehen. Böhme, der sich an mehreren Stellen von der Alchimie distanziert, verwendet dennoch ihre Kategorien, Gestalten und Begriffe als Modelle und Bilder, »Figurierungen« wie er sagt, um seine Gedanken zu erläutern. Nun ist hier gerade nicht irgendein Zauberer gemeint. Es handelt sich um das »magische Kind«. Im Hintergrund des Gedankenganges steht die Stelle der hl. Schrift »Wenn ihr nicht werdet wie Kinder, könnt ihr das Reich Gottes nicht sehen«. Gewordene Kinder sind durch Schmerz, Arbeit und Einsicht geläuterte, weise Menschen. Allein ein solcher Mensch, so Böhme, vermöchte die Wissenschaft zu erneuern und die Welt aus der Katastrophe zu retten.

»In dieser Figur haben wir das Bild der innern und äußern Welt Willen, wie die ineinander und widereinander und doch Eins sind, gleichwie in Christo zwei Reiche offenbar waren, eines wirkte in Gottes Willen und brach den äußern Welt-Willen seiner Eltern (...) und das andere Reich, als seiner Eltern Willen, brach den göttlichen Willen, dass er mit ihnen heim ging und war ihnen nach ihrem Willen untertan.

Diese Figur zeiget dem Mago an, dass er in seinem Vorhaben, welches er gedenket zu zwingen, wird zwei Willen finden: Einen der ihm nicht wird untertänig sein, als der göttliche Wille (...).

Zum andern zeigets ihm an die zweierlei Wirkung und Willen in allen Dingen. Und so er will ein Magus sein und der guten Eigenschaft Willen und Wesen nach seinem Willen aus dem Innern ins Äußere kehren, dass er zuvor muss des Innern, als des göttlichen Willens, fähig sein, sonst mag er den innern Willen nicht ins Äußere transmutieren (...).

Also soll der Magus auch wissen, dass er seinem Fürhaben nicht erst dürfe den rechten Willen zur Vollkommenheit von außen einpflanzen, er ist vorher schon in allen Dingen. Allein er muss nur einen göttlichen begierlichen Willen nach des Dinges Eigenschaft in das Ding, damit er will handeln, einführen, der mit dem göttlichen Willen ringet, wie Jakob, und den eingeführten Willen gegen Gottes Willen segnet, dass sich der göttliche Wille in den Hunger oder Gegen-Begierde einergebe und den unvollkommenen Willen, der gegen ihn in sein Erbarmen eindringt, vollkommen machet. Alsdann heißt es, du hast mit Gott gerungen und bist obgelegen. So bekommt dein Fürnehmen einen transmutierten Leib, der da himmlisch und irdisch ist.«[83]

Der Magus meint jene ursprüngliche Menschengestalt, welche die Mitwelt zur Vollkommenheit, d.h. zum Sinn ihrer inneren Bestimmung mitzuführen vermag. Er soll in das Ding den richtigen Willen »einführen«. Alle Dinge dieser Welt haben Sehnsucht nach sich selbst, den Drang nach der eigenen Sinnerfüllung. Gleichzeitig wohnt ihnen eine Selbstzerstörungstendenz inne. Sinnerfüllung findet statt, wenn die negativen Kräfte in Licht umgewandelt werden und so das Ding mit dem Ganzen in Einklang kommt. Das Ganze ist stets konkret. Es ist die kleine Umgebung eines jeden, die konzentrisch von immer größeren Kreisen umgeben wird. Durch die kleine Umgebung muss sich jedes Ding dem Ganzen öffnen, um richtig bei sich bleiben zu können. Was sich in die Enge seiner Ichheit abkapselt, erstickt in sich selbst.

Der geläuterte Mensch vermag in seiner Umgebung bei Dingen und Mitmenschen den Willen zur Vollkommenheit zu wecken. Wie kann er dies? Gewiss nicht mit Gewalt. Er darf den guten Willen »nicht von außen einpflanzen«. Zart, durch »Tingiren«,

»Anhauchen«, durch »leise Berührung« erweckt er das Seiende zum wahren Leben. Der Mystiker spricht von einem Ringen, wie Jakob mit Gott ringt. Das Ringen nennt er an anderen Stellen »Liebe-Spiel«. Das Zusammensein von Mensch und Welt ist ein Spiel, in dem die Liebe die Regeln diktiert.

Warum sagt aber Böhme, dass am Ende des Prozesses »du obgelegen« bist? Entgleitet ihm nicht der eigene Gedanke? Wenn es auch dem Magus darum gehen soll, gegen die Dingwelt zu siegen, dann ist noch einmal der alte machtsüchtige Mensch am Zug. Oder meint er vielmehr mit »bist obgelegen«, dass der höhere, reine Wille, der mit dem »göttlichen Willen« identisch ist, dem Eigenwillen des kleinen Ichs gesiegt hat? Im Liebe-Spiel kommt es nicht darauf an, zu gewinnen oder zu verlieren. Es geht darum, zu spielen. Das Spiel, das zu spielen ist, ist das Spiel der Liebe, welches das wahre Leben ausmacht.

Liebe ist die Fähigkeit, sich in einen anderen hineinzuversetzen, eins zu werden mit dem anderen. Alsdann wird das Ding oder der Mensch oder der Zusammenhang von innen her gesehen, miterlebt. Erst von innen – von ihrem Wesen – her werden die Menschen und die Dinge *wahr*genommen. Allein die Liebe weiß, wie die Dinge und die Menschen sind. Allein die Liebe vermag eine wahre Wissenschaft zu öffnen. Der Mensch, der eine liebende Wissenschaft verwirklichen kann, ist der Mensch, der wieder gelernt hat, wach, präsent *da zu sein*. Diesem Dasein ist das Da nicht das Ich der Verschlossenheit, sondern das Selbst der Offenheit. Das Da des Menschen, der wieder zu lieben vermag, ist der Ort, an dem alles sein wahres Wesen wiederfinden kann.

In dieser Grundhaltung, welche die methodische Einstellung der neuen Wissenschaft ausmacht, begegnet Jakob Böhme der Substanz der mystischen Traditionen, des östlichen Denkens und des frühesten Philosophierens. Der Verlust der Ichsucht, wodurch der Mensch sich selbst wahrhaftig gewinnt, heißt in diesen Traditionen *Erfahrung des Nichts*. Das Nichts ist nicht ein Begriff, auch keine Kategorie. Aber es ist mehr als ein Bild. Es ist ein Tiefenphänomen, das Entgegengesetztes vereint: die höchste Sammlung in der größten Offenheit.

»Das Nichts ist das höchste Gut, denn es ist keine Turba[84] darinnen. So kann mich nichts rühren, denn ich bin mir selber nichts, sondern ich bin Gottes, der weiß, was ich bin, ich weiß es nicht, soll es auch nicht wissen. Und also ist die Kur meiner Seelenkrankheit. Der es mit mir wagen will, der wirds erfahren, was Gott aus ihm machen wird. Ich setze ein Exempel:

Ich schreibe allhie, und ich tue es auch nicht, denn ich, der ich der Ich bin, weiß nichts, habe es auch nicht gelernet. So tue nun ichs nicht, sondern Gott tut in mir, was er will. Ich bin mir nichts bewusst, sondern ich weiß Ihm, was er will. Also lebe ich nicht mir, sondern Ihm, und also sind wir in Christo nur einer, als ein Baum in viel Aesten und Zweigen, und die Frucht gebieret Er in jedem Zweiglein wie Er will. Und also habe ich sein Leben in meines gebracht, dass ich mit Ihm versöhnet bin in seiner Liebe.«[85]

Jakob Böhme denkt nicht abstrakt. Die Konkretion seines Denkens entspringt der Reinheit seines Sehens. Daher stammt auch die frische Aufrichtigkeit, mit der er die Verhältnisse benennt. Er nennt die Krankheit, die er vor Augen hat, beim Namen: Ichsucht. Es ist eine Ichform um ihrer selbst willen. Dieses Ich sucht (*ver*-sucht) sich, indem es sich selbst und alles es Umgebende zerstört. Dieses Ich will nicht dienen, nicht die Natur pflegen und die Welt hüten. Zwar behauptet dieses Ich manchmal, das Leben fördern zu wollen. Aber dies ist gelogen. Das Ich, das nur sich sucht – und darum falsch sucht –, will herrschen. Die Ichsucht betätigt sich zerstörerisch als Machtsucht.

Diese Einsicht ist heute noch aktueller als im Jahre 1600. Damals wusste man noch nicht – obwohl es viele sicher ahnten –, wie weit die zerstörerische Verantwortungslosigkeit der Machtsucht gehen kann: bis zur Selbstzerstörung der Gattung, bis zur Zerstörung der Welt, bis zur Vernichtung des kosmischen Gleichgewichts. Damals verbarg sich der Drang zur Beherrschung unter dem Deckmantel der Religiosität, heute versteckt er sich vornehmlich hinter Rationalität und Wissenschaftlichkeit.

Die Machtsucht gründet in einem Tiefenphänomen, dessen Möglichkeit und Sinn Böhme durch die Präsenz des *Ja* und des *Nein* in allen Dingen erklärt. Das *Nein* ist da, damit ein Gegensatz und dadurch Bewegung und etwas zu bejahen und zu lieben sei.

Der mystische Naturphilosoph, der das Negative, die Finsternis im Menschen und in der Natur tief erfuhr und darum so eindrucksvoll beschreibt, ist von einer hellen, lebensbejahenden Grundsicht geleitet. Der Mensch ist an sich nicht böse. Er ist unfertig und krank, lebt in einem Missverständnis. Dieses stellt die Umkehrung der beiden Prinzipien – Ja und Nein, Licht und Finsternis – dar. Wenn die Finsternis, die unten bleiben muss, auf dass das Licht scheinen und wärmen könne, nach oben steigt, verdeckt sie das Licht, und das Ganze erscheint verkehrt.

Das *Nein* ist ein Gegenwurf des *Ja*, sagt Böhme. Wie könnte ein ausgewogenes, lebensförderndes Verhältnis von Licht und Finsternis entstehen?

Sein Werk will einen Weg dorthin zeigen.

AUSGEWÄHLTE TEXTE

Am Anfang, noch vor Beginn der Naturgeschichte, muss ein Urgeschehen angenommen werden, aus dem die Möglichkeit von Zeit, Raum, Materie und den Grundformen des Lebens hervorgegangen ist. Erst in der Zeit wird das Urgeschehen Wirklichkeit. Als solches ist es aber nicht selbst zeitlich und materiell, sondern der Geburtsort von Zeit und Materie. Der Ort, an dem die Urmöglichkeit jeder erdenklichen Wirklichkeit aufgehoben wird, ist jenes Geheimnis, das Religionen und Philosophien Gott nennen.

Dieses Eine ist das Urleben. Das Phänomen, wodurch das Eine in Vielheit auseinander geht und so aus dem einzigen Leben die Mannigfaltigkeit von Lebensformen entsteht, wollen wir die Ur-Scheidung nennen.

Die Bilder dieses überzeitlichen Geschehens schlummern im Menschen als Er-Innerung des Ursprungs, der die Dinge aus dem Reich der Möglichkeit in die beschränkte Lebensform der irdischen Wirklichkeit entlässt.

Im Menschen leben zwei Ursprünge oder Prinzipien in eigentümlicher Weise. Das Prinzip, in dem sich die Dinge ihrem Wesen nach gestalten, kann das Prinzip des *Lichts* genannt werden. Dieses ist auf ein anderes, das Prinzip der *Finsternis*, angewiesen, das gleichursprünglich ist. Das Prinzip des Lichtes ist lebensöffnend. Das Prinzip der Finsternis ist lebensverengend. Während das

65

bejahende Prinzip die Geschöpfe ins Dasein entlässt, sie will und erfüllt, strebt das Prinzip der Finsternis nach Auflösung.

Des Menschen Gestalt stellt die geheimnisvoll weiterwirkende Präsenz des Schöpfungsgeschehens dar. Nicht nur, weil die doppelte Urquelle des Seins in ihm wohnt. Es ist in ihm dadurch Gegenwart, dass das Prinzip der Finsternis, das dem Lichte dienen soll, immer wieder die Oberhand gewinnt. Es lebt also im Menschen die Schöpfung nicht nur als Erinnerung eines bereits fertigen Geschehens. In ihm kommt das Urgeschehen insofern unaufhörlich zum Vorschein, als er den Kampf zwischen dem bejahenden und dem verneinenden Prinzip wiederholt.

Das Licht wirkt im Menschen durch die Sehnsucht nach Reinheit, Erkenntnis und vollem Leben. Aber das Dunkle zieht ihn in die Verengung und Finsternis hinab. Die Schöpfungsordnung wird dadurch verkehrt, und die eigentliche Wirklichkeit dem Menschen fremd. Die Geschichte, die sich aus diesem Zustand heraus gestaltet, ist eine Geschichte der Äußerlichkeit, die grausam verläuft und bar jeden Sinnes ist.

Damit der Mensch in die Bewegung des Sinnes eintritt und so durch ihn die eigentliche Geschichte beginnen kann, muss ihm das Urgeschehen zunächst zur bewussten Innerlichkeit werden, damit es einst gelebte Wirklichkeit, wirkliches Leben wird. Das Ziel ist, dass der Sinn des Ganzen in jedem Punkt der individuellen Vielfalt aufgeht. Das Leben erfährt sich dann als Fülle und ereignet sich als Einklang.

Zu dieser Höhe will Jakob Böhme den Menschen führen. Wie könnten wir uns seine erhabene Vision am besten aneignen?

Der goldene Weg dahin ist das philosophisch-dichterische *Meditieren*. Dieses ist nicht nur eine intellektuelle Tätigkeit. Es ist ganzheitliche Bewegung. Durch Hineingang in die Urbewegung des kosmischen Prozesses soll der Sinn, der in uns schlummert, erweckt werden, auf dass wir zu dem werden können, was wir in Wirklichkeit (nicht im Schein, in dem wir uns gewöhnlich aufhalten) sind: Wort, in dem das Ganze sich ausspricht, Stimme, die in ihrer Eigenart mit allen das einzige Lied mitsingt, Heimat, in der sich das Einzige ausruhen und regenerieren kann.

Die Meditation, welche die Stufen des Lebensprozesses wahrnimmt und die Zeiten der Ewigkeit verinnerlicht, ist die Vorhalle des Lebens. Sie umfasst Geist, Seele und Leib. Sie führt den Menschen in jene Innensicht zurück, von der her ihm die Öffnung zum Ganzen und die Leibwerdung des Lebens gelingt.

Die folgenden Texte bringen die Tiefenphänomene und den Entstehungsprozess der böhmeschen Vision.

Zunächst hören wir die Erzählung seines Grunderlebnisses (1), danach die methodische Grundeinstellung der darin gewonnenen Wissenschaft: unmittelbares Hören und Sehen (2), daraufhin die Grundthemen seines Denkens (3). Wir meditieren sodann über Tiefenphänomene der böhmeschen Mystik (4-9) und folgen ihm bei der Erzählung der kosmischen Urgenese, d.h. Seinsgenese (10-17). Der tiefenphänomenologische Meditationsweg führt zu Böhmes Ur-Idee von Mensch: dem göttlichen Kind (18).

Heute unzugängliche Ausdrücke erläutern wir, wenn dies nicht schon in der Einleitung geschehen, beim ersten Erscheinen in der Anmerkung. Eine Zusammenstellung findet sich im Glossar.

1

Aurora

Morgenröte im Aufgang

Von dem erschaffenen Himmel
und der Gestalt der Erden und des Wassers,
sowohl von dem Lichte und Finsternis

Das 19. Kapitel

1. Der rechte Himmel, welcher ist unser menschlicher eigener Himmel, da die Seele hinfähret, wenn sie vom Leibe scheidet – und da Christus unser König ist eingegangen und von dannenher Er von seinem Vater kommen und geboren ist und ein Mensch in der Jungfrauen Marien Leibe worden ist – ist bisher den Kindern der Menschen fast verborgen gewesen, und haben mancherlei Meinung gehabt.

2. Es haben sich auch die Gelehrten darum gekratzet[1] mit vielen seltsamen Schreiben, und sind einander in die Haare gefallen mit Schmähen und Schänden, dadurch dann der hl. Name Gottes ist geschändet und seine Glieder verwundet und sein Tempel zerstöret und der hl. Himmel mit diesem Lästern und Anfeinden entheiliget worden.

3. Es haben die Menschen je und allwege gemeinet, der Himmel sei viel hundert oder tausend Meilen von diesem Erdenboden und Gott wohne allein in demselben Himmel. Es haben auch wohl etliche Physici sich unterstanden, diese Höhe zu messen, und gar seltsame Dinge herfürbracht.

4. Zwar ich habe es selber vor dieser meiner Erkenntnis

und Offenbarung Gottes dafür gehalten, dass das allein der rechte Himmel sei, der sich mit einem runden Zirk[2] ganz lichtblau hoch über den Sternen schleußt, in Meinung, Gott habe allein darinnen sein sonderliches[3] Wesen und regiere nur allein in Kraft seines Hl. Geistes in dieser Welt.

5. Als mir aber dieses gar manchen harten Stoß gegeben hat, ohne Zweifel von dem Geiste, der da Lust zu mir hat gehabt, bin ich endlich gar in eine harte Melancholei und Traurigkeit geraten, als ich anschauete die große Tiefe dieser Welt, dazu die Sonne und die Sterne, sowohl die Wolken, dazu Regen und Schnee, und betrachtete in meinem Geiste die ganze Schöpfung dieser Welt.

6. Darinnen ich dann in allen Dingen Böses und Gutes fand, Liebe und Zorn, sowohl in den unvernünftigen[4] Kreaturen wie im Holz, in den Steinen, in der Erde und in den Elementen als auch in Menschen und Tieren.

7. Dazu betrachtete ich das kleine Fünklein des Menschen, was er doch gegen diesem großen Werke des Himmels und der Erde vor Gott möchte geachtet sein.

8. Weil ich aber befand, dass in allen Dingen Böses und Gutes war, in den Elementen sowohl als in den Kreaturen, und dass es in dieser Welt dem Gottlosen so wohl ginge als den Frommen, auch dass die barbarischen Völker die besten Länder inne hätten und dass ihnen das Glücke noch wohl mehr beistünde als den Frommen.

(...)[5]

14. Weil ich aber nicht alsbald die tiefsten Geburten Gottes in ihrem Wesen konnte fassen und in meiner Vernunft begreifen, so hat sichs wohl zwölf Jahr verzogen, ehe mir ist der rechte Verstand gegeben worden, und ist gangen wie mit einem jungen Baume, den man in die Erde pflanzet; der ist erstlich jung und zart und hat ein freundlich Ansehen, sonderlich wenn er sich zum Gewächse wohl anlässet. Er trägt aber nicht alsbald

Früchte, und ob er gleich blühet, so fallen sie doch ab. Es gehet auch mancher kalte Wind, Frost und Schnee darüber, ehe er wächst und Frucht trägt.

15. Also ists diesem Geiste auch gegangen: Das erste Feuer war nur ein Samen, aber nicht ein immer beharrlich Licht. Es ist seit der Zeit mancher kalte Wind drüber gangen, aber der Wille ist nie verloschen.

16. Es hat sich auch dieser Baum oft versucht, ob er möchte Früchte tragen und sich mit Blühen erzeiget, aber die Blüte ist von dem Baume abgeschlagen worden bis auf dato. Da stehet er in seiner ersten Frucht im Gewächse.

17. Von diesem Lichte habe ich nun meine Erkenntnis, dazu meinen Willen und Trieb, und will diese Erkenntnis nach meinen Gaben schreiben und es Gott walten lassen, und sollte ich gleich hiemit erzürnen die Welt, den Teufel und aller Höllen Porten, und will zusehen, was Gott damit meinet. Denn seinen Fürsatz bin ich viel zu schwach zu erkennen, obgleich der Geist etliche Dinge, die zukünftig sind, im Lichte zu erkennen gibt. So bin ich doch dem äußerlichen Menschen nach viel zu schwach, solches zu begreifen.

18. Aber der animalische⁶ Geist, welcher mit Gott inqualieret, der begreifts wohl, der tierische Leib aber krieget nur einen Blick davon, gleich als wenn es wetterleuchtet. Denn also stellet sich die innerste Geburt der Seelen, wenn sie durch die äußerste Geburt in Erhebung des hl. Geistes durch die Porten der Höllen reißet. Aber die äußerste Geburt tut sich bald wieder zu, denn der Zorn Gottes verriegelt sie feste und hält sie in seiner Macht gefangen.

19. Alsdann ist die Erkenntnis des äußersten Menschen dahin und gehet in seiner trübseligen und ängstlichen Geburt um wie ein schwanger Weib, dem die Wehe ankommt, und wollte immer gerne gebären, und kann doch nicht und ängstet sich immerdar.

20. Also gehets dem tierischen Leib auch: Wenn er einmal hat die Süßigkeit Gottes geschmecket, so hungert und dürstet ihn immerdar danach, aber der Teufel in Kraft des Zorns Gottes wehret sich trefflich, und muss ein Mensch in solchem Laufe nur immer in ängstlicher Geburt stehen, und ist nichts denn Kämpfen und Fechten in seinen Geburten.

21. Dieses habe ich nicht mir zum Lobe geschrieben, sondern dem Leser zum Trost, ob ihn vielleicht lüsterte, auf meinem schmalen Stege mit mir zu wandern, dass er darum nicht bald verzweifele, wenn ihm die Porten der Höllen und des Zorns Gottes begegnen und unter Augen stoßen.

22. Wenn wir werden miteinander über diesen schmalen Steg der fleischlichen Geburt auf jene grüne Wiese kommen, da der Zorn Gottes nicht hinreicht, alsdann wollen wir uns dieses erlittenen Schadens wohl ergötzen, ob wir gleich jetzo müssen der Welt Narr sein und den Teufel in Kraft des Zorns Gottes lassen über uns herrauschen. Es lieget nichts daran, es wird uns in jenem Leben schöner anstehen, denn es ist gar eine kurze Zeit dahin, und ist nicht wert, dass es eine Zeit genannt wird.

23. Nun merke: Wenn du deine Gedanken von dem Himmel fassest, was der sei oder wo der sei, so darfst du deine Gedanken nicht viel tausend Meilen von hinnen schwingen, denn derselbe Ort oder Himmel ist nicht dein Himmel. Und ob er gleich mit deinem Himmel verbunden ist wie ein Leib, und es ist auch nur ein Leib Gottes, so bist du doch nicht in demselben loco[7], der über viel hunderttausend Meilen ist zur Kreatur worden, sondern in dem Himmel dieser Welt, die auch eine solche Tiefe in sich hat, dass keine menschliche Zahl ist.

24. Denn der rechte Himmel ist allenthalben, auch an dem Orte, wo du stehest und gehest. Wenn dein Geist die innerste Geburt Gottes ergreift und durch die siderische[8] und fleischliche hindurchdringet, so ist er schon im Himmel.

71

2
De Signatura rerum

Von der Geburt
und Bezeichnung aller Wesen

Das 1. Kapitel
Wie alles stumm und ohne Verstand ist,
was von Gott geredet wird, ohne Erkenntnis der Signatur;
und im menschlichen Gemüt die Signatur nach dem Wesen
aller Wesen lieget

1. Alles, was von Gott geredet, geschrieben oder gelehret
wird, ohne die Erkenntis der Signatur, das ist stumm und
ohne Verstand, denn es kommt nur aus einem historischen
Wahn, von einem andern Mund, daran der Geist ohne Erkenntnis stumm ist. So ihm aber der Geist die Signatur
eröffnet, so verstehet er des anderen Mund, und verstehet
ferner, wie sich der Geist aus der Essenz durchs Principio im
Hall mit der Stimme hat offenbaret.

2. Denn wenn ich sehe, dass einer von Gott redet, lehret
und schreibet, und gleich dasselbe höre und lese, ist mirs
noch nicht genau verstanden. So aber sein Hall, und sein
Geist aus seiner Signatur und Gestaltnis, in meine eigene
Gestaltnis eingehet, und bezeichnet seine Gestaltnis in meine,
so mag ich ihn in rechtem Grunde verstehen, es sei geredet
oder geschrieben, so er den Hammer hat, der meine Glocken
schlagen kann.

3. Daran erkennen wir, dass alle menschlichen Eigenschaften aus Einer kommen, dass sie nur eine einige Wurzel und Mutter haben, sonst könnte ein Mensch den andern nicht im Hall verstehen.

(...)[9]

6. Im menschlichen Gemüte lieget die Signatur ganz künstlich[10] zugerichtet, nach dem Wesen aller Wesen; und fehlet dem Menschen nichts mehr, als der künstliche Meister der sein Instrument schlagen kann, das ist der rechte Geist der hohen Macht der Ewigkeit. So aber derselbe im Menschen erwecket wird, dass er im Zentrum des Gemütes rege wird, so schläget er das Instrument der menschlichen Gestaltnis. Alsdann so gehet die Gestaltnis mit dem Hall im Worte vom Munde aus. Wie sein Instrument in der Zeit seiner Menschwerdung gezogen ist, also lautet es, und also ist seine Erkenntnis. Das Innere offenbaret sich im Halle des Wortes, denn das ist des Gemütes natürliche Erkenntnis seiner selbst.

7. Der Mensch hat zwar alle Gestaltnisse aller drei Welten[11] in sich liegen, denn er ist ein ganz Bild Gottes oder des Wesens aller Wesen. Allein in seiner Menschwerdung wird die Ordnung in ihm gestellet. Denn allda sind drei Werkmeister in ihm, welche seine Gestaltnis zurichten, als das dreifache Fiat[12], nach den drei Welten, und sind im Ringen um die Gestaltnis, und wird die Gestaltnis allda nach dem Ringen figurieret. Welcher Meister das Ober-Regiment in der Essenz bekommt, nach dem wird das Instrument gezogen, und die andern liegen verborgen, und gehen mit ihrem Hall hinten nach, wie sich solches klar beweiset.

(...)[13]

9. Ferner ist uns zu erkennen, dass obgleich also ein Fiat das Ober-Regiment behält, und die Gestaltnis nach ihm figurieret[14], dass ihm doch gleichwohl die andern zwei Einhalt tun, so nur ihr Instrument geschlagen wird, als man dann

solches siehet, dass mancher Mensch, auch manches Tier, ob es sehr bös oder gut geneiget ist, doch von einem Gegenhall zum Bösen oder Guten beweget wird, und oft seine angeborene Gestaltnis sinken lässt, wenn ihm der Gegenhall auf seiner verborgenen Laute oder Gestaltnis schläget. So sieht man, dass ein böser Mensch doch oft von einem guten zur Reue seiner Bosheit beweget wird, wenn ihm der fromme mit seinem liebreichen Geist sein verborgen Instrument schläget. Desgleichen geschiehet es auch mit dem Frommen. So ihm der Böse mit dem Geist seines Grimmes sein verborgen Instrument schläget, so wird im Frommen auch die Zorn-Gestaltnis erwecket. Und ist je eines wider das andere gesetzet, dass eines des andern Arzt sein soll.

10. Denn wie die Gestaltnis des Lebens ist, das ist, wie die Lebensgestaltnis in Zeit des Fiats in der Menschwerdung figurieret wird, also ist auch sein natürlicher Geist. Denn er urständet[15] aus der Essenz aller drei Prinzipien; und einen solchen Willen führt er auch aus seiner Eigenschaft.

11. Nun aber mag ihm der Wille gebrochen werden, denn wenn ein Stärkerer über ihn kommt und wecket seine innere Gestaltnis auf mit seinem eingeführten Hall- und Willen-Geist, so verlieret sein Ober-Regiment das Recht und die Gewalt, wie wir solches an der Sonnen Gewalt sehen, wie sie mit ihrer Macht eine bittere und saure Frucht in eine Süßigkeit und Lieblichkeit qualifiziert.[16] Desgleichen auch wie ein guter Mensch unter einem bösen Haufen verderbe, auch ein gutes Kraut auf einem bösen Acker nicht seine rechte Tugend genugsam erzeigen kann. Denn es wird in dem guten Menschen das verborgene böse Instrument erwecket, und in dem Kraut auch eine widerwärtige Essenz von der Erde, dass oft das Gute in ein Böses, und das Böse in ein Gutes verwandelt wird. Und wie es nun in der Gewalt der Qualität inne stehet, also bezeichnet sich es im äußern in seiner äußerlichen Form

und Gestaltnis, sowohl der Mensch in seinen Reden, seinem Willen und seinen Sitten als auch mit der Form der Glieder, die er also zu derselben Gestaltnis haben und gebrauchen muss. Eine innere Gestaltnis zeichnet ihn auch in der Gestaltnis des Angesichts, desgleichen auch ein Tier, item[17], ein Kraut und auch Bäume, ein jedes Ding wie es in sich ist, also ist es auch auswendig bezeichnet.

12. Dann obgleich es geschiehet, dass sich oft ein Ding vom Bösen ins Gute und vom Guten ins Böse verwandelt, so hat es doch seinen äußerlichen Charakter, dass man das Gute oder Böse, das ist, die Verwandlung kennet. Denn den Menschen kennet man hierin an seiner täglichen Übung, item, an seinem Wandel und seinen Worten, denn das Ober-Instrument wird immer geschlagen, welches am stärksten ist gezogen.

13. Also auch ein Tier, so das böse ist, und ist aber mit Gewalt gebändiget, und zu anderer Eigenschaft gezogen worden, lässt seine erste instehende Gestalt nicht leichtlich merken, dieselbe werde dann erreget, so gehet sie vor allen andern Gestalten hervor.

14. Also ists auch mit den Kräutern der Erde, so ein Kraut vom bösen Acker in einen guten versetzet wird, kriegets zur Hand einen stärkern Leib, auch lieblichen Geruch und Kraft, und erzeiget die innere Essenz im äußern.

15. Und ist kein Ding in der Natur, das geschaffen oder geboren ist, es offenbaret seine innerliche Gestalt auch äußerlich, denn das innerliche arbeitet stets zur Offenbarung, als wir solches an der Kraft und Gestaltnis dieser Welt erkennen, wie sich das ewige Wesen mit der Ausgebärung in der Begierde hat in einem Gleichnis offenbaret, wie es sich hat in so viel Formen und Gestaltnisse offenbaret, als wir solches an Sternen und Elementen, sowohl an den Kreaturen als auch an den Bäumen und Kräutern sehen und erkennen.

16. Darum ist in der Signatur der größte Verstand, darinnen sich der Mensch (als das Bild der größten Tugend) nicht allein lernet selber kennen, sondern er mag auch darinnen das Wesen aller Wesen lernen erkennen. Denn an der äußerlichen Gestaltnis aller Kreaturen, an ihrem Trieb und Begierde, item, an ihrem ausgehenden Hall, an Stimme und Sprache, kennet man den verborgenen Geist. Denn die Natur hat jedem Dinge seine Sprache nach seiner Essenz und Gestaltnis gegeben. Denn aus der Essenz urständet die Sprache oder der Hall, und derselben Essenz Fiat formet der Essenz Qualität, in dem ausgehenden Hall oder Kraft, den lebhaften im Hall, und den essentialischen in Ruch[18], Kraft und Gestaltnis. Ein jedes Ding hat seinen Mund zur Offenbarung.

17. Und das ist die Natur-Sprache, daraus jedes Ding aus seiner Eigenschaft redet und sich immer selber offenbart und darstellt, wozu es gut und nütz sei. Denn ein jedes Ding offenbaret seine Mutter, welche die Essenz und den Willen zur Gestaltnis also gibt.

3

Mysterium Magnum

oder
Erklärung über das Erste Buch
Moses

Vorrede des Verfassers

Wenn wir betrachten die sichtbare Welt mit ihrem Wesen, und betrachten das Leben der Kreaturen, so finden wir daran das Gleichnis der unsichtbaren geistlichen Welt, welche in der sichtbaren Welt verborgen ist, wie die Seele im Leibe, und sehen daran, dass der verborgene Gott allem nahe und durch alles ist, und dem sichtbaren Wesen doch ganz verborgen.

2. Ein Exempel haben wir an des Menschen Gemüte, welches ein unsichtbares Feuer ist, das zu Licht und Finsternis, als zu Freude und Leid geneiget ist, und ist an sich selber doch derselben keines: Sondern ist nur eine Ursache dazu, ein unsichtbar ungreifliches Quell-Feuer, und doch nach seinem eigenen Wesen in nichts geschlossen, als nur allein in den Willen des Lebens.

3. Der Leib kann das Gemüt nicht begreifen, aber das Gemüt begreift den Leib und führt ihn zu Lieb und Leid. So ist auch von Gottes Wort und Kraft zu verstehen, welches den sichtbaren empfindlichen Elementen verborgen ist, und doch durch und in den Elementen wohnet und durch das empfindliche Leben und Wesen wirket, wie das Gemüt im Leibe.

4. Denn die sichtbaren empfindlichen Dinge sind ein Wesen des Unsichtbaren; von dem Unsichtlichen, Unbegreiflichen ist kommen das Sichtbare, Begreifliche; von dem Aussprechen oder Aushauchen der unsichtbaren Kraft ist worden das sichtbare Wesen; das unsichtbare geistliche Wort der göttlichen Kraft wirket mit und durch das sichtbare Wesen, wie die Seele mit und durch den Leib.

5. Der innere geistliche Seelen-Mensch ist durch das Einsprechen oder Einblasen von dem unsichtbaren Worte der göttlichen Kräfte in das sichtbare Bild eingesprochen worden, dem geschaffenen Bilde zum Verstande,[19] darinnen des Menschen Wissenschaft und Erkenntnis des unsichtbaren und sichtbaren Wesens stehet.

6. Genauso hat nun der Mensch die Gewalt von dem unsichtbaren Worte Gottes empfangen zum Wiederaussprechen, dass er das verborgene Wort der göttlichen Scienz[20] wieder in Formungen und Schiedlichkeit ausspricht, auf Art der zeitlichen Kreaturen. Und dasselbe geistliche Wort bildet die lebendigen und wachsenden Dinge, wodurch die unsichtbare Weisheit Gottes mit dieser Bildung in unterschiedliche Formungen gemodelt wird, wie solches vor Augen ist, dass der menschliche Verstand alle Kräfte in ihrer Eigenschaft ausspricht und allen Dingen Namen giebet, nach jedes Dinges Eigenschaft. Dadurch wird die verborgene Weisheit in ihrer Kraft erkannt und verstanden und der verborgene Gott mit den sichtbaren Dingen offenbart, zum Spiel der göttlichen Kraft, dass das Unsichtbare mit dem Sichtbaren spiele und sich darinnen in Empfindlichkeit und Findlichkeit[21] seiner selber einführet.

7. Gleichwie sich das Gemüt mit dem Leib und durch den Leib in Sinne und Gedanken einführet, dadurch es wirket und sich empfindlich macht, so auch die unsichtbare Welt, durch die sichtbare und mit der sichtbaren. Und ist uns nicht ein

solches zu denken, als könnte man die verborgene göttliche Welt nicht ergründen, was sie sei und was ihre Wirkung und Wesen sei. Denn an dem sichtbaren Wesen der Schöpfung sehen wir eine Figur der innern geistlichen Wirkung der Kraft-Welt.

8. Und sollen von Gott anders nicht denken, als dass Er der inwendigste Grund aller Wesen sei, und doch so, dass Er von keinem Dinge mag ergriffen werden, aus des Dinges eigener Gewalt, sondern wie sich die Sonne mit ihrem Lichte und ihrer Kraft in die empfindlichen lebendigen Dinge einführet und mit allen Dingen wirket und sich darinnen mit in ein Wesen einführet. So ist auch das göttliche Wort zu verstehen, mit dem Leben der Kreaturen.

9. Weil dann diese sichtbare Welt das ausgesprochene geformte Wort nach Gottes Liebe und Zorn, als nach dem Mysterio Magno der ewigen geistlichen Natur ist, welche geistliche Welt in der sichtbaren verborgen ist, und aber die menschliche Seele ein Funke aus dem ewig-sprechenden Worte der Göttlichen Scienz und Kraft ist und der Leib ein Ens[22] der Sterne und Elemente, auch nach dem innern Grunde, ein Ens des Himmels als der verborgenen Welt, so hat er Macht von dem Mysterio Magno zu reden, daraus alle Wesen sind entstanden.

10. So uns dann die großen Mysteria, aller Dinge Anfang und Urstand, durch göttliche Gnade entgegnen, dass wir dieselben in wahrer Erkenntnis mit dem eingesprochenen Worte der göttlichen Scienz, als durch den Grund der Seelen, verstehen mögen, so wollen wir dessen Grund, so viel als uns zugelassen ist, in diesem Buche ausschreiben, uns selber zu einem Memorial[23] und dem Leser dieses zur Übung göttlicher Erkenntnis.

11. Und wollen andeuten (1.) was das Zentrum und der Grund aller Wesen sei, (2.) was die göttliche Offenbarung

durchs Sprechen des Wortes Gottes sei, (3.) wie Böses und Gutes aus einem einigen Grund urständen, als Licht und Finsternis, Leben und Tod, Freude und Leid; und wie das in seinem Grunde sei, auch wozu jedes Wesen und Qual[24] nutze, und unvermeidlich sei, (4.) und wie alle Dinge ihren Grund vom Mysterio Magno, als vom Aushauchen des ewigen Einen haben, (5.) wie sich das ewige Eine in Empfindlichkeit, Findlichkeit, Schiedlichkeit zu seiner selbst Scienz, und zum Spiel der ewigen Kraft einführe, (6.) wie man zu wahrer Erkenntnis Gottes, und zur Erkenntnis der ewigen und zeitlichen Natur kommen möge, (7.) item, wie man in wahre Beschaulichkeit des Wesens aller Wesen kommen möge, (8.) item von der Schöpfung der Welt und aller Kreaturen, (9.) und dann von des Menschen Urstand, Fall und Wiederbringung, was er nach dem ersten Adamischen Menschen im Reiche der Natur sei, und was er in der neuen Wiedergeburt im Reiche der Gnaden sei, und wie die neue Wiedergeburt geschehe. (10.) Auch was das alte und neue Testament ein jedes in seinem Verstande sei.

12. Und wollen solche Erklärung durch alle Kapitel des Buchs Moses ausführen, und andeuten, wie das alte Testament eine Figur des neuen sei. Was bei den Geschichten der hl. Erzväter zu verstehen sei, warum sie der Geist Gottes in Mose (hat) ausschreiben lassen; worauf die Figuren dieser aufgeschriebenen Historien sehen, und wie der Geist Gottes in seinen Kindern vor Christi Zeiten in der Figur vom Reiche Christi mit ihnen gespielet habe, da ihm dann allezeit Gott diesen Gnaden-Thron Christi, durch welchen Er wollte seinen Zorn tilgen und die Gnade offenbaren, vorgestellet hat.

13. Und wie die ganze Zeit dieser Welt, als wie in einem Uhrwerke, sei vorgebildet worden, wie es hernach in der Zeit ergehen werde, und was die innere geistliche Welt, und dann die äußere materialische Welt sei; sowohl der innere geistliche

Mensch, als auch der äußere von dieser Welt Wesen, wie Zeit und Ewigkeit ineinander sind, und wie man das alles verstehen könne.

14. Ob sichs nun zutrüge, dass diese unsere Schriften gelesen würden, und von dem Leser dieses nicht möchte balde ergriffen und verstanden werden. Weil solcher Grund (welcher doch durch das Licht der Natur sowohl[25] mit der Schrift ganz einstimmet und gegründet ist) bisher eine lange Zeit fast dunkel gewesen ist, und aber durch göttliche Gnade der albernen Einfalt gegeben wird. So wolle der Leser solches nicht nach der bösen Welt Brauch verwerfen, sondern auf den Grund der Practica,[26] so darinnen angedeutet, sehen, und sich hineinbegeben, und Gott um Licht und Verstand bitten. So wird er endlich unsern Grund wohl verstehen und ihm sehr lieb und angenehm sein und werden.

15. Aber den Stolzen und Vorhin[27]-Klugen, und doch Nichts-Wissenden, welcher Bauch ihr Gott ist, welche allein am Tiere der Babylonischen Huren[28] hangen, und sich von ihrem Gift tränken, und mutwillig in Blindheit und in des Teufels Fischhamen[29] sein wollen, haben wir nichts geschrieben, sondern haben ein festes Schloss vor den Verstand der Torheit mit dem Geiste unserer Erkenntnis dafür geleget, unsern Sinn nicht zu ergreifen, dann sie des auch nicht wert sind, weil sie mutwillig dem Satan dienen wollen, und nicht Gottes Kinder sind.

16. Und wollen aber den Kindern Gottes klar und gründlich verstanden sein, und herzlich gern unsere uns von Gott gegebene Erkenntnis mitteilen, weil die Zeit solcher Offenbarung geboren ist. So mag ein jeder sehen, was er richtet, es wird ein jeder seinen Lohn davon haben: und empfehlen ihn in die Gnade der sanften Liebe Jesu Christi. Amen.

Anno 1623. den 11. September.

4

Der Ungrund

Die Geburt Gottes

»Wenn die Vernunft höret von Gott reden, was er nach seinem Wesen und Willen sei, so bildet sie sich ein, als sei Gott etwas Fernes und Fremdes, welcher außer dem Orte dieser Welt, hoch über dem Gestirne wohne und regiere also nur durch seinen Geist mit einer allgegenwärtigen Kraft am Ort dieser Welt; seine Majestät aber in Dreifaltigkeit, da Gott insonderheit[30] offenbar sei, wohne im Himmel außer dem Ort dieser Welt.

(...)

Denn man kann nicht von Gott sagen, dass er dies oder das sei, böse oder gut, dass er in sich selber Unterschiede habe. Denn er ist in sich selber naturlos, sowohl affekt- und kreaturlos. Er hat keine Neiglichkeit zu etwas, denn es ist nichts vor ihm, dazu er sich könnte neigen, weder Böses noch Gutes. Er ist in sich selber der Ungrund, ohne einigen[31] Willen gegen die Natur und Kreatur, als ein ewig Nichts. Es ist keine Qual in ihm, noch etwas das sich zu ihm oder von ihm könnte neigen. Er ist das einige Wesen und ist nichts vor ihm oder nach ihm, daran oder darinnen er sich könnte einen Willen schöpfen oder fassen. Er hat auch nichts, das ihn gebäret oder gibt. Er ist das Nichts und das Alles, und ist ein einiger[32] Wille, in dem die Welt und die ganze Kreation[33] lieget. In

Ihm ist alles gleich-ewig ohne Anfang, in gleichem Gewichte, Maß und Ziel. Er ist weder Licht noch Finsternis, weder Liebe noch Zorn, sondern das ewige Eine. Darum saget Moses: Der Herr ist ein einiger Gott. (Deut. 6,4)

Derselbe ungründliche, unfassliche, unnatürliche[34] und unkreatürliche[35] Wille, welcher nur einer ist, und nichts vor ihm noch hinter ihm hat, welcher in sich selber nur eines ist, welcher als ein Nichts und doch alles ist, der ist und heißet der einige Gott, welcher sich in sich selber fasset und findet und Gott aus Gott gebieret.

Als nämlich: Der erste unanfängliche einige Wille, welcher weder böse noch gut ist, gebieret in sich das einige ewige Gute als einen fasslichen Willen, welcher des ungründlichen Willens Sohn ist, und doch in dem unanfänglichen Willen gleich-ewig; und derselbe andere Wille ist des ersten Willens ewige Empfindlichkeit und Findlichkeit, da sich das Nichts in sich selber zu Etwas findet. Und das Unfindliche, als der ungründliche Wille, gehet durch sein ewig Gefundenes aus und führet sich in eine ewige Beschaulichkeit seiner selber.

Also (1) heißet der ungründliche Wille ewiger Vater; (2) und der gefundene, gefassete, geborene Wille des Ungrundes heißet sein geborener oder eingeborener Sohn, denn er ist des Ungrundes Ens, darinnen sich der Ungrund in Grund fasset. (3) Und der Ausgang[36] des ungründlichen Willens, durch den gefasseten Sohn oder Ens heißet Geist, denn er führet das gefasste Ens aus sich aus in ein Weben oder Leben des Willens, als ein Leben des Vaters und des Sohnes. (4) Und das Ausgegangene ist die Lust als das Gefundene des ewigen Nichts, da sich der Vater, Sohn und Geist innen siehet und findet, und heißet Gottes Weisheit oder Beschaulichkeit. (...)

So heißet es alsdann allhier das Wort (als die geformte Kraft) war im Anfange bei Gott, denn allhier werden nun zwei

Wesen verstanden: Als die ungeformte Kraft, das ist »In«, und (als) die geformte Kraft, das heißt »Bei«, denn sie ist in das Etwas zur Beweglichkeit getreten. Das »In« ist stille, aber das »Bei« ist gefasst. Und aus dieser Fassung und Scienz urständet Natur und Kreatur samt allem Wesen.«[37]

Meditation

Wenn wir nach Gott fragen, fragen wir nach dem Ursprung und nach dem Ursinn von allem.

Warum gibt es das Leben? Warum ist es so gemacht worden? Warum sind wir so gebaut?

Die Frage nach Gott ist die Frage nach uns selbst, nach der Wurzel, die uns mit allem verbindet und zugleich in unserer einmaligen Einzelheit bewahrt.

In dieser Tiefe sind wir Geheimnis.

Geheimnis besagt nicht Unwirklichkeit. Mit diesem Wort wird vielmehr eine Dimension des Lebens bezeichnet, die weder mit bloßen Augen gesehen noch mit üblichen wissenschaftlichen Mitteln beschrieben werden kann. Aber sie kann mit dem ganzen Wesen erfahren werden. Dann wird sie auch überall gesehen.

Diese Erfahrung wurde Jakob Böhme zuteil. Deshalb vermochte er das Urphänomen überall, im Entstehen und Vergehen der Dinge, zu erblicken. Als Urphänomen sah er ein Urgeschehen, in dem die Vereinigung von Freiheit und Notwendigkeit das Leben gebiert. Gott lebt. Das heißt: »Er« wurde auch geboren. Aber nicht in der Zeit. Vielmehr gebiert er die Zeit, indem er sich, aus seiner eigenen ungründigen Vergangenheit hervortretend, als das Ewige setzt und so erst das Zeitliche ein solches werden lässt.

Der Mystiker erfährt Gott als das Geheimnis dieser Dreiheit: Notwendigkeit, Freiheit und die Einheit beider.

Das erste Wesen ist notwendig, in seiner Notwendigkeit aber frei. Das Notwendige in Gott ist der Grund seiner selbst, der nur in ihm sein kann. Die Freiheit, die ebenso nur in ihm und durch ihn bestehen kann, ist die Negation der Notwendigkeit. Es ist also nicht nur ein Notwendiges und ein Freies. Es ist das eine und das andere Prinzip und das Verhältnis beider zueinander. Es ist der Grund, das Un seiner Negation und die Einheit beider: Un-Grund. Es ist das Weibliche, das Männliche und die Vereinigung beider Prinzipien: Ur-Leben.

Diese Verhältnisse sieht Böhme nicht als bloß geistige oder intellektuelle Größen. Es ist geschehendes Leben, das aus sich selbst kommt und Leben aus sich entlässt. Die Lust des Lebens fasste sich als Wille, der leben wollte. Er war »in« sich. Um leben zu können, musste er sich »fassen«, also auch außerhalb seiner selbst – das männliche Moment –, »bei« sich selbst sein. Und der »gefasste Wille« (»Sohn«) verursachte die ewige Öffnung – das weibliche Moment – als »ein Weben oder Leben des Willens« (»Ausgang«), durch welches Leben ewig fließt.

Das Leben fließt aus der Vereinigung des Willens zum Sein mit der Lust des Lebens. Und diese Vereinigung ist sowohl Liebe als auch Kraft. Es ist eine Liebe, die ihr Anderes setzt, um etwas lieben zu können. Aber diese Setzung eines Etwas, damit sich der Ungrund in einen Grund fassen könne, ist auch eine Kraft. Es ist eine Kraft der Liebe.

Am Anfang war die Lust der Ur-Liebe, die leben wollte, damit Spiel und Freude sei. Warum wird sowohl in der Natur als auch in der Menschenwelt das Spiel der Liebe in der Form einer Auseinandersetzung auf Leben und Tod ausgetragen? Warum gibt es Vernichtungswut in der Natur, Krieg und Streit in der Menschenwelt?

Diese Frage stellte sich Jakob Böhme als junger Mann. Sie erfüllte ihn mit Traurigkeit. Eines Tages erhielt er Antwort. Er sah die Geburt Gottes mitten im Universum als Wesen und Sinn des Lebensgeschehens. Daraus entstand das Werk, das seine Vision darstellt. Diese Vision erzählt von einer ungeheueren Tiefe und einem sehr langen Weg.

Wir wollen die Schichten dieser Tiefe und die Stationen dieses Weges tiefenphänomenologisch meditierend nachvollziehen.

5
Armut und Demut

»Gleichwie die Sonne nur einen einigen Willen hat, der ist, dass sie sich selber giebet und mit ihrer Begierde in allen Dingen ausdringet und wächset, und allem Leben Kraft und sich selber einergiebet, also auch in gleichem ist Gott außer[38] Natur und Kreatur das einige Gute, das nichts als Gott oder das Gute, geben kann noch will.

Er ist außer der Natur die größeste Sanfmut und Demut, darinnen weder ein Wille zu guter noch böser Neiglichkeit gespüret wird, denn es ist weder Böses noch Gutes vor Ihm (...).

Der erste Wille, so Vater heißet, liebet seinen Sohn als sein Herz seiner Selbst-Offenbarung darum, dass Er seine Findlichkeit und Kraft ist. Gleichwie die Seele den Leib liebet, also auch in gleichem ist der gefassete Wille des Vaters seine Kraft und sein geistlicher Leib als das Zentrum der Gottheit oder des göttlichen Etwas, darinnen der erste Wille Etwas ist.

Und der Sohn ist des ersten Willens, also des Vaters, Demut und begehret hinwieder mächtig des Vaters Willen, denn er wäre ohne den Vater ein Nichts, und er wird recht des Vaters Lust oder Begierde zur Offenbarung der Kräfte genennet als des Vaters Geschmack, Geruch, Gehör, sein Fühlen und Sehen.«[39]

Meditation

Der Sohn ist des Vaters Demut.

Nach Teresa von Avila bedeutet Demut »in der Wahrheit stehen«. Jakob Böhme vertieft diese Auffassung. Wahrheit meint hier primär nicht die Richtigkeit einer Aussage, sondern die Eigenschaft des Wesens, seine Stimmigkeit. Demut als »in der Wahrheit stehen« bedeutet dann, der Wahrheit des Wesens entsprechend leben.

Das Leben, das aus der Wahrheit des Wesens hervorquillt, lebt aus dem Ursprung heraus. Das Bild des ursprünglichen Lebens gewinnt Jakob Böhme rein aus der Gotteserfahrung. Des Sohnes erste Wahrheit ist der Vater, denn diesem verdankt jener sein Wesen. Aber auch der Vater wäre nicht ohne den Sohn, der also die Selbstverwirklichung des Vaters ist. Der Sohn ist Vater des Vaterseins seines Vaters. Da dies aber dem Sohn ohne den Vater nicht möglich wäre, gehen beide aus einem Prozess hervor, in dem jeder Zeugender und Gezeugter zugleich ist. Die Liebe, die Vater und Sohn wesenhaft verbindet, wird Geist genannt.

Wir erfahren das göttliche Innenleben als Beziehung von Beziehungen. Die Beziehung kommt der Person nicht hinzu, sie macht sie aus. Ohne ein Du ist ein Ich nicht möglich. So ist das Erste das Wir, welches das wahre Ich und das wahre Du ermöglicht. Wenn wir meinen, Ich und Du seien vorher und machen dann zusammen das Wir aus, denken wir oberflächlich und leben im Schein. Die Wahrheit ist: ehe Ich und Du sind, war das Wir. Und die grundlegende Bedeutung von Demut lautet demnach: Wir müssen ein immer klareres Bewusstsein davon gewinnen, dass wir aufeinander angewiesen und durch-einander sind.

Wie sollen Beziehungen gestaltet werden, damit unser Leben fruchtbar nachvollzogen werden kann? Jakob Böhme zeigt uns das klare Bild des Geburtsprozesses der Gottheit, auf dass wir uns selbst bessern und steigern.

Auf die Frage: Wie gestalten sich die Beziehungen in Gott? antwortet der Mystiker:

Das Urwesen ist zwar an sich überschwengliche Fülle der Selbstliebe. Aber es muss sich zugleich insofern als äußerste Armut wahrnehmen, als es sich erst in der Mitteilung als Fülle erfahren kann. Hätte es niemanden, dem es sich geben könnte, erstickte es in seiner eigenen Fülle. In der Hingabe erst wird die Liebe fruchtbar. In der Fruchtbarkeit der Liebe wird das absolute Sein vollzogen.

Auch der Mensch ist am Anfang nichts: Lauter Offenheit, reine Möglichkeit, die erst in der Konkretisierung Wirklichkeit werden kann. Die offene Möglichkeit, die jeder von uns zunächst ist, besagt als solche bodenlose Armut. Wir können am Anfang alles werden. Solange wir aber alles werden können, sind wir in Wirklichkeit noch nichts. Erst wenn wir das Privileg, vieles sein zu *können*, verlieren, und etwas Bestimmtes werden, beginnen wir zu sein.

Sein bedeutet für den Menschen Im-anderen-sein als jenes Sichhingeben, wodurch der Gebende sich als solchen zurückempfängt. Das erste Geschenk unserer Hingabe sind wir selbst.

Aber oft erfahren wir die Hingabe als Verengung, den Verlust der Möglichkeit durch die Konkretion der Wirklichkeit als Verarmung. Wann sind wir reicher: Wenn wir in der Freiheit der Möglichkeit stehen oder wenn wir in der Konkretion der Wirklichkeit leben?

Antwort: Beides ist notwendig, Möglichkeit und Wirklichkeit, Freiheit und Konkretion.

Deinem Wesen nach bist du reine Möglichkeit. Diese wird im Zusammensein mit Natur und Welt, in der Auseinandersetzung und Zusammenarbeit, im Gespräch Tag für Tag konkrete Realität. Beides sollst du schätzen lernen. In dem Augenblick, in dem du lebst, geschieht eine Grundform deines Wesens: das Da-Sein. Aber du bist im Wesen nicht nur das faktische Dasein. Du bist auch die Wirklichkeit deiner Vergangenheit; und deine Vergangenheit verbindet dich mit der Vergangenheit deiner Familie, der Menschheit, der Naturgeschichte. Und du bist auch die Möglichkeiten, die noch nicht wirklich wurden.

Im Wesen bist du mit dem Ungrund, den wir Gott nennen, von jeher und fernhin verbunden. Du warst immer und kannst darum nie mehr aufhören zu sein. Darin liegt die Größe des Menschen: in seinem Wesen, das unendliche Möglichkeit und konkrete Wirklichkeit zugleich ist.

Die Leere deiner Armut ist die Bedingung deiner Fülle. Wenn du den Sinn dieser Wahrheit erkennst, dann lebst du in der Demut deines Wesens.

Vom Kern deines Wesens her bist du reine Bedürftigkeit. Deine Existenz ist das Geschehen eines ununterbrochenen Beschenktwerdens. Der Boden, der dich trägt, die Luft, die du atmest, das Wasser, das dich belebt, das Feuer, das dich beflügelt. Aber all das, was dich leben lässt, beschränkt dich zugleich: Die Eltern, die dich zeugen, bestimmen durch Erbanlagen die Richtung deines Lebens mit. Das Land, das dir die Geborgenheit der Heimat bietet, legt dich auf eine bestimmte Seinsweise fest. Die Freunde, die dich begleiten, schließen die Gegenwart anderer Mitmenschen aus. Der Beruf, den du wählst, zwingt den Prozess deiner Selbstverwirklichung in die Einseitigkeit einer bestimmten Richtung.

Ja, ich bin in meinem Wesen Bedürftigkeit, wie du sagst. Die Erfüllung durch die anderen, die mir den Reichtum der Selbstverwirklichung schenken, beschränkt mich zugleich. Oft empfinde ich Letzteres als Beengung. Wenn dies geschieht, erfahre ich meine Existenz als Strafe.

Du empfindest so, weil du mehr bist, als die Möglichkeit, die du gerade in deinem Leben verwirklichst. Du darfst dich nicht mit dieser Möglichkeit absolut identifizieren. Du sollst nur deine Aufgabe gut erfüllen. Das Leben will nicht Strafe, sondern ein wunderbares Abenteuer, eine Glücksreise durch die weite Welt sein.

Wie muss ich dann mein Leben angehen, damit sich in mir und durch mich Glück ereignet?

Antwort: Wenn du weißt, dass dein jetziges Tun die Verwirklichung *einer* Möglichkeit für diese Zeitspanne ist, dann wirst du diese Möglichkeit in der Gelassenheit einer inneren Freiheit, so gut du kannst, Wirklichkeit werden lassen. Und wenn sie abgeschlossen ist, wächst in dir die Bereitschaft, loszulassen und dich Neuem zuzuwenden. Dann lebst du gelassen und tief. Und dein Dasein wird für die anderen hell.

Was heißt *hell?*

Stimmigkeit.

Was ist Stimmigkeit?

Eine Seinsweise. Du bist stimmig, wenn du mit den anderen und mit allem um dich herum stimmig bist. Durchsichtigkeit in dir ist Widerspiegelung der Transparenz in deiner Geschichte und in deiner Umwelt. Du bist Spiegel der anderen. Aber ein lebendiger Spiegel, der das Bild verschönt, indem er nicht nur die Oberfläche erfasst. Versuche darum, das Bild der anderen immer besser wiederzugeben. Je mehr du nur auf dich selbst zentriert bist, um so mehr verkrampfst du dich. Dein Spiegel verzerrt dann das Bild der anderen. Wenn es gut mit dir steht, steht es auch gut mit der Welt.

Die Armut unseres Wesens ist zugleich des Lebens höchstes Geschenk. In der Annahme wird sie uns zu jener dankbaren Leere, die es uns ermöglicht, offen und empfänglich zu sein. Auf diese Weise wiederholen wir in unserem irdischen Dasein das Urleben der Gottheit. Es war ein Spiel, das von der Liebe getragen und durchdrungen wurde. Unser Spiel vollzieht sich ebenso als Wechselprozess von Geben und Nehmen. Wir dürfen nicht vergessen, dass das, was wir gegeben, uns nicht gehörte, und das, was wir empfangen, ein Geschenk ist. Je bewusster uns unsere Armut wird, um so lebendiger wird unsere Freiheit und um so voller unsere Freude. Da wir nichts haben und auch nichts sind, sind wir rein und offen. Das Nichts und das Alles stehen in einer wundersamen Entsprechung. Einzig das Nichts ist fähig, alles in sich aufzunehmen.

Weil unser Wesen an und für sich nichts ist, fühlen wir uns zu vielem hingezogen. Unser Leben lang suchen wir. Denn unser Herz ist für das Ganze gemacht. Erfährt deshalb unser Dasein so tief die Sehnsucht nach dem Unendlichen?

6

Sehnsucht

»Der Ungrund ist ein ewig Nichts, und machet aber einen
ewigen Anfang, als eine Sucht. Denn das Nichts ist eine Sucht
nach etwas: Und da doch auch Nichts ist, das etwas gebe,
sondern die Sucht ist selber das Geben dessen, das doch
auch ein Nichts ist, als bloß eine begehrende Sucht. (...) Sodann
nun also eine Sucht im Nichts ist, so machet sie sich selber
den Willen zu etwas; und derselbe Wille ist ein Geist, als ein
Gedanke, der gehet aus der Sucht, und ist der Sucht Sucher,
denn er findet seine Mutter als die Sucht.«[40]

»Was ist der Abgrund aller Dinge, da kein Geschöpf ist,
als das ungründige Nichts? Antwort: Es ist eine Wohnung
der Einheit Gottes, denn das Auftun oder das Jch des Nichts
ist Gott selber. Das Auftun ist die Einheit als ein ewig Leben
und Wellen, ein lauter Wille, welcher doch nichts hat, das er
wollen kann als nur sich selbst.«[41]

Meditation

Den Urquell des Lebens vermögen wir nur als einen unstillbaren
Liebesdrang zu denken, der sich mitteilen muss. Aus dieser
Hingabe gehen ununterbrochen die Geschöpfe hervor. Erst durch
das Leben wird der Drang wirklich.

Einst war nur das Nichts,
das ins Sein wollte.
Da aber am Anfang das Nichts
nichts vor sich hatte,
dem es sich hingeben konnte,
musste es sich verdoppeln.
Der Ur-Sprung geschieht
als Suche nach einem Etwas,
das erst in der Suche entsteht.
Das Nichts wird dann zu Etwas,
der Ungrund wird zum Grund.
Aus dieser Lust des Lebens
entsteht das Sein,
das Hingabe
und Annahme ist.
Hätte sich das Leben von jeher
nicht gewollt und geliebt,
wäre nichts entstanden.

Ausdruck der ungründigen Liebe sind die Geschöpfe: Liebesge-
stalten, als die das Urleben geschichtliche Wirklichkeit wird. Darin
gründet die Würde von Natur und Mensch: die Würde des Alls.
Sie wurden gewollt und so haben sie einen unverletzbaren An-
spruch auf Sein und auf Achtung.
Die Substanz, aus der alles wurde, ist eine: Der Drang des Lebens,
das sich suchte. Es ist darum überall dasselbe. Und doch erscheint
dieses Selbige, das aus der Leere der unendlichen kosmischen
Nacht emporsteigt, immer wieder anders:
Als die Mannigfaltigkeit von Steinen, Metallen, Pflanzen und
Tierarten.
Als die Vielfalt von menschlichen Kulturen und Völkern, Ländern,
Städten und Dörfern.

Als der Reichtum von Rassen und Hautfarben, Sitten und Traditionen.

Als die Verschiedenheit von menschlichen Gesichtern, Körpern, Seinsweisen.

In jeder dieser Gestalten offenbart sich das Leben, das leben und lieben will. Dafür bringt es Gesetze hervor, wonach es sich dann entwickelt. Aber das Leben selbst ist keine Idee, kein Allgemeines. Es ist nur in den konkreten Gestalten wirklich. In jedem Punkt seines Erscheinens ist es voll. Aber nirgends ist es ganz. Darum ist überall Leben, aber nirgends *das* Leben.

Dies ist das Geheimnis, das uns umhüllt. Im Wesen unendlich und unfasslich erscheint das Leben unaufhörlich als fassbare Konkretion. Darum kann es gleichwohl als logisch erklärbarer Prozess wie auch als das Unerklärliche schlechthin erfahren werden. Aus der einen Einstellung entsteht die Wissenschaft, aus der anderen das andächtige Schweigen, der respektvolle Umgang. Die rechte Stellung des Menschen im Kosmos ist erreicht, wenn beide Haltungen sich vereinigen. Die Wissenschaft ist notwendig, damit Fortbestand und Entwicklung von Natur und Mensch gesichert und gefördert werden. Ebenso notwendig ist es aber auch, zu erkennen und stets dessen gewahr zu sein, dass Natur und Mensch, Himmel und Erde die Pfeiler sind, die den Tempel des Lebens tragen.

> Jede Gestalt,
> die ins Dasein tritt,
> ist heilig.
> Denn es ist Leben,
> obwohl es nicht das Leben ist.
> Die Liebe sehnte sich nach Leben –
> und schuf.
> Durch das Schaffen
> wurde aber der Lebenshunger nicht gestillt.
> Er wuchs vielmehr, vermehrte sich.

Denn nunmehr tauchte auf
in jedem Tropfen des Lebensozeans
der unendliche Drang
nach Liebe und Geliebtwerden.
Es sehnte sich
alles
nach der ungründigen Unendlichkeit,
aus der es kommt.
So entstand
gleich am Anfang
das Paradoxon:
Die unendliche Liebe
kann
nur in endlicher Gestalt
Wirklichkeit werden.

Von daher ergibt sich die Grundbewegung des Tiefenphänomens, das unser Leben durchdringt. Die Sehnsucht steigt wie ein sanfter Dunst empor, der aus den tiefsten Wurzeln unseres Wesens strömt, es umkreist und sich im unbestimmten Suchen erschöpft.
Die reine Sehnsucht hat kein Woher und kein Wohin. Sie ist die Umkreisung des Nirgendwoher und Nirgendwohin. Wohl sehnt sich die Sehnsucht nach Etwas, aber entscheidend beim Phänomen ist nicht dieses Etwas als solches, sondern das Sich-nach-etwas-Sehnen. Darum ist sie in der konkreten Erfüllung ihres Sehnens stets grundsätzlich ungesättigt. Im Antreffen des Etwas, wonach sich die Sehnsucht vermeintlich sehnte, findet sie zumeist Enttäuschung. Die Ent-täuschung ist Aufdeckung des Irrtums, dass sie je in etwas die Erfüllung finden könnte.
Die Sehnsucht ist im Wesen Sucht – Hunger, der nie gestillt werden kann, dem jede Speise den Drang nach mehr weckt. Sie geht aus der Stillung derart bekräftigt hervor, dass sie immer mehr und entschiedener das findet, was sie von Anfang an suchte: sich selbst. Die Sehnsucht findet sich nur im Sich-Suchen.

Frage: Ja, dies ist der Grund, weswegen wir Menschen so oft nicht voll da sind, wo wir sind. Wir sind fast immer woanders, stets unterwegs zu einem Ziel, das uns ständig entgeht. Von der Ferne versprechen wir uns die Erfüllung, die wir am Ort unseres Daseins nicht zu erreichen vermögen. Bedeutet dies, dass der Mensch vom Wesen her verurteilt ist, zerrissen zu sein?

Antwort: Die Wurzel der Sehnsucht ist das Heimweh. Es tut uns weh, nicht daheim zu sein. Dies erfahren wir psychologisch, wenn wir weit weg von unserem Heimatland, von unserer Familie, von unseren Freunden weilen. Eine tiefere Form des Heimwehs ist diejenige, die der Mensch *ist*.

Der Mensch
hat Heimweh,
weil er
in seinem Wesen
Heimweh ist.

Die Bestimmung, eigentlich nirgends zu Hause zu sein, ist sein Wesen. Der Mensch: ein Wesen des Unterwegs. Das ist eine Bürde, die manchmal schwer zu tragen ist. Diese Bürde ist seine Größe: die Schwere seines Schicksals. Besonders hier gilt: Die wichtigste Lehre, die sich der Mensch anzueignen hat, ist leben zu lernen. Ein Hauptkapitel dieser Grundwissenschaft lautet, die Heimat zu entdecken und lieben zu lernen.

Wo ist die wahre Heimat des Menschen?

Mit Jakob Böhme müsste die Antwort heißen: Seine wahre Heimat ist das ungründige Herz Gottes, das im Schoß des Weltalls pulsiert und es dadurch am Leben erhält. Doch dieses Geheimnis wird ihm am konkreten Ort seines Daseins zuteil. Die Fülle, nach der er sich sehnt, erreicht er nur innerhalb der Grenzen, worin er sich gerade aufhält.

Die wahre Heimat des Menschen ist das ungründige Herz Gottes. Der Mensch wurde von der unendlichen Liebe geschaffen und will dorthin zurück. Ist vielleicht dies der Grund, weswegen wir hinter jeder Form von Sehnsucht und Heimweh die Todessehnsucht aufdecken können?

Antwort: Es gibt den Tod nicht. Das physische Ableben, das wir so benennen, ist keine Vernichtung. Es ist Übergang in eine andere Daseinsform. Insofern ist das Ende einer Lebensform stets Beginn einer neuen. Es kann kein Ende haben, was keinen Anfang kennt. Das meint Jakob Böhme, wenn er Gott den Ungrund nennt. Das Leben ist ewig. Und der Mensch ist eine Lebensgestalt, darum nicht vergehbar, nur wandelbar.

Dies erfahren wir in der Tat manchmal ganz deutlich. Zum Beispiel, wenn wir wirklich lieben. Wir erfahren, dass diese Beziehung immer war und darum auch kein Ende haben kann. Warum haben die Menschen dann oft so schreckliche Angst vor dem Tod?

Anwort: Sie haben nicht gelernt, das Leben richtig zu lieben. Der Tod kommt, wenn die Aufgabe vollendet ist. Wir haben uns nicht um das Ende, sondern um die Aufgabe zu kümmern. Wir sagten, dass die eigentliche Heimat des Menschen das Herz des Weltalls ist. Doch dort, wo er sich gerade befindet, kann er es finden. Wir leben weder gestern noch morgen. Wir gehen stets im Nu des Augenblicks auf. In diesem, Hier und Jetzt, haben wir Glück zu erfahren.

Wir sind im Wesen Befindlichkeit. Befindlichkeit rührt von der Empfindung her, und mitempfinden von der Empfindsamkeit. Um mitempfinden zu können, muss der Mensch ganz da sein.

> Willst du lernen,
> ganz dazusein,
> musst du
> dein Empfinden
> halten rein.

7

Empfindsamkeit

»In dem Schema ADONAI[42] wird angedeutet, was Gott außer der Natur und Kreatur in sich selber sei.

(...)

AD.......	Vater.........	Wille..........	JE
O..........	Sohn..........	Lust...........	HO
N..........	Geist.........	Scienz.........	DAH
A..........	Kraft.........	Wort..........	Leben
J..........	Farben........	Weisheit.....	Tugend

(...)

Das Wort Wille deutet an das Wollen oder Bewegen in der auftuenden Einheit, damit sich die Einheit selber in Dreiheit will, als das Nichts in sein eigenes Etwas, darinnen es sein Verbringen und Wollen hat.

Das Wort Lust deutet an die wirkliche Empfindlichkeit des Willens oder Wollens, als den höchsten Grund der ursprünglichen Liebe, da sich der Wille des Ungrundes in seinem Etwas empfindet, da er sich dem Etwas als seiner Empfindung hingibt, und in der Empfindlichkeit in seinem eigenen Geschmack wirkt und will.

Das Wort Scienz deutet an die wirkliche empfindliche Wissenschaft und das Verständnis in dem Liebe-Geschmack, eine Wurzel der fünf Sinnen, und ein Grund des ewigen Lebens, daraus das Verstehen ausquillt, und sich die ewige Einheit darein gründet.

Das Wort Wort deutet an, wie sich die ewige Liebe der empfindlichen Einheit mit der Wissenschaft ewig ausspricht in einem Gegenwurf; so ist dasselbe Wort das Aussprechen oder Hauchen des Willens aus der Kraft durch das Verstehen. Es ist das Treiben und Bilden der ewigen Einigen Kraft in Unendlichkeit und Vielheit, als der Schöpfer der Kraft aus der ewigen Kraft in Tugenden.

(...)

Das Wort Jehovah ist der allerheiligste Name Gottes. (...)

Je ist ein Hauchen der Einheit und das ho ist ein Hauchen des Je und das vah ist ein Hauchen des ho und ist doch nur ein Hauchen und machet aber einen dreifachen Ausgang dreier Zentren oder Fassungen. Und verstehen darinnen, wie sich das dreifache J endlich ins A schleußt als in einen Anfang der Natur.«[43]

Meditation

Jakob Böhme deutet die Worte *Adonai* und *Jehovah* im Sinne seiner Natursprache, d.h. so, dass das äußere Zeichen die innere Bedeutung offenbart. Die Buchstaben folgen nicht bloß einander. Sie gehen vielmehr auseinander hervor. Den Prozess dieses Hervorgehens entdeckt er in der Niederschrift der Worte:

»Das Wort Adonai deutet an das Auftun oder die Selbstbewegnis der ungründigen ewigen Einheit, was die ewige Gebärung, das Auftun und der Ausgang der Dreiheit Gottes in sich selber sei«.[44]

Wenn ein Volk seine Gotteserfahrung mit dem Wort Adonai ausdrückt, denkt der mystische Sprachphilosoph, so muss es doch einen Grund haben. Den Grund findet er im Wort selbst:

»Das A ist ein dreifaches J, welches sich kreuzweise in sich fasst, als in einem Anfang, Ein- und Ausgang. Das D ist die Bewegnis des dreifachen J, als das Auftuende. Das O ist die Zirkumferenz[45] des dreifachen J, als die Geburt der Stätte Gottes in sich selber. Das N ist der dreifache Geist, welcher aus der Zirkumferenz, aus sich selber als ein dreifaches J ausgehet. Das untere A ist der Gegenwurf oder das Wirken des dreifachen J oder Geistes, davon ewiglich Bewegnis, Kraft, Farben und Tugenden entstehen oder urständen. Das J ist der wesentliche[46] Ausfluss des dreifachen J, da die Dreiheit in der Einheit ausfleust; und versteht man in diesem ganzen Wort Adonai das ewige Leben der Einheit Gottes.«[47]

»Wirkliche empfindliche Wissenschaft« ist »Verständnis in dem Liebe-Geschmack«. Böhmes höhere Wissenschaft ist dynamisches Durchschauen des Sinnes, Mithören des Wortes, inneres Mitgehen mit den Prozessen, welche die Dinge darstellen und sich in deren äußeren Gestalt niederschreiben. So gewinnt er die Dynamik des Geburtsprozesses der Gottheit aus der Starrheit der Buchstaben, in denen sich die Erfahrung niedergelassen hat. In dieser verewigt, kann sie weitertradiert werden.

Jakob Böhme spricht nicht nur von Empfindsamkeit, die er Empfindlichkeit nennt.
Er zeigt das Phänomen, indem er von der Empfindsamkeit *empfindsam spricht*. Denn er weiß, er berührt dabei die Wiege des Lebens.

Es gibt nicht nur viele Sprachen. Auch innerhalb ein und derselben Sprache zeichnen sich Sprachebenen ab. Die Sprache des Alltags ist nicht die Sprache der Zeitung. Die Zeitung spricht nicht wie die Wissenschaft. Die Wissenschaften sprechen nicht alle gleich. Die Sprache der Philosophie unterscheidet sich von der Sprache der Wissenschaft. Und von all diesen hebt sich die Dichtung ab. Auf den verschiedenen Ebenen wird nicht nur anders gesprochen. Es geht jeweils um etwas anderes. Mit der Sprache verwandelt sich das Thema. Selbst wenn der Gegenstand des Sprechens derselbe bleibt, verändert es sich im Wesen, wenn er die Sprachdimension wechselt. Mit der Dimension ändert sich das Niveau. Das ergibt Wesensunterschiede, die nicht wertend zu verstehen sind. Etwas wird anders gemeint, selbst wenn vom Selben gesprochen wird.

Jakob Böhme erblickt das ursprünglichste Moment im Sprachgeschehen. Es ist der Augenblick, in dem das Sprechen entsteht. Eine Erfahrung wird sich ihrer selbst bewusst, spricht sich aus und wird laut. Wird der Laut im Augenblick seines Entstehens gehört, so wird das sich im Aussprechen bildende Zeichen gesehen. Der Mystiker hört dieses Sichaussprechen, welches das Wesen des Sprechens begründet und darum durch die Jeweiligkeit hindurch im Sprechen jeder Sprache ertönt. Aus diesem Grund fasziniert seine Sprache sowohl Dichter wie auch strenge Naturwissenschaftler und gewissenhafte Philologen. In den Worten *Adonai* und *Jehovah* hört er den Urgesang, der die Geburtsstunde der Gottheit umhüllt. Denn die Sprache wurde zusammen mit Gott geboren. Und die Geburt Gottes ist die Geburt des Lebens.

> Gebären ist
> sich öffnen.
> Sich öffnen ist
> nach außen treten,
> um nach innen zu wachsen.
> Auftun ist
> Ausgang als Eingang.

Zeigt das Wort *Adonai* Böhme die Bewegung des Gebärens, sieht er im Wort *Jehovah* den Prozess, durch den sich der Geborene im Dasein festigt. Aus *Je* liest er Wille, aus *ho* Lust, aus *vah* Scienz heraus. Diese Bedeutungen folgen nicht einander; sie gehen auseinander hervor. Die Wissenschaft, die Böhme Scienz nennt und von Ziehen ableitet, besteht darin, in der Wahrnehmung der Dinge zugleich deren Wurzel zu entdecken und von daher die Bewegung ihres Entwicklungsprozesses nachzuvollziehen. So können wir wissen, wozu sie gut sind.

Diese Synthese von größter Konkretion und höchster Abstraktion hat nicht nur seine Zeitgenossen beängstigt. Auch große Denker waren später verunsichert. Hegel z.B. bemerkte, was Böhme wolle, sei unmöglich, denn er gebrauche die Wirklichkeit als Begriff.

Die Schärfe und Klarheit seines Blickes mag selbst heute noch viele erschrecken. Bleiben wir jedoch in der Bewegung seines Gedankengangs, so öffnet sich uns weiter die Folgerichtigkeit seines Weltbildes.

Wir existieren, indem wir empfinden. Empfindend finden wir uns selbst zurück. Denn Empfinden ist Finden im Ent-Finden, Sich-Verlieren.

Du kannst diesen Vorgang ständig in dir selbst beobachten. Du hast mehrere Stunden gearbeitet, warst ganz konzentriert. Es ist jetzt kurz vor Mittag, die Zeit der Arbeitspause. Die Spannung der Aufmerksamkeit, welche die Umgebung in der Stille der Abwesenheit hielt, sinkt. Im Versinken der Konzentration tritt die umgebende Welt hervor. Erst jetzt hörst du die Glocken der Kirche, die schon seit einigen Minuten läuteten. Im Heraustreten aus deiner geschlossenen Arbeitswelt nimmst du die Glockentöne wahr. Du nimmst die Töne wahr, weil du jetzt dort, beim Kirchturm bist. Genauer: Weil die Töne in dir sind. Als wahrgenommene sind die Glockentöne dort, kommen von dort her; als empfundene sind sie in dir. Und nur weil die Glockentöne in dir sind, kannst du sie – als dortseiend (dich ent-findend) – wahrnehmen. Die Emp-findung als Ent-Findung ermöglicht die Wahrnehmung.

Der Ort, an dem du lebst, gefällt dir. Am Anfang hattest du Probleme. Alles schien dir undurchsichtig, du fandest schwer Zugang zu Menschen und Dingen. Langsam verstandest du sie immer besser. Du lerntest sie lieben. Und das Dasein begann, dir Freude zu bereiten.

> Man versteht nur,
> was man liebt.
> Wenn man liebt,
> fühlt man mit.
> Durch Mitfühlen
> wird möglich,
> von sich abzusehen,
> in das Andere hineinzugehen.
> Alsdann wird
> Umwelt zur Mitwelt,
> werden
> Menschen zu Mitmenschen.

Du lebst seit Jahren mit deinem Partner. Die Beziehung, die so schwungvoll begann, ist unmerklich abgeflacht. Die Besonderhei-ten, die ihr in euch entdecktet und die euch entzückten, seht ihr nicht mehr. Stattdessen hängt ihr an Klischees, durch die ihr euch gegenseitig gleichsam in die Normalität hineinfiltert. Du nimmst den anderen – und der andere nimmt dich – nicht mehr als solchen wahr, weil ihr nichts mehr füreinander empfindet und darum nicht mehr mit dem anderen mitfühlen könnt.

Wo das Mitfühlen fehlt,
da fehlt auch die Liebe
und die Freude
des Zusammenseins,
auf die es im Leben
einzig ankommt.

Wir beobachten diesen Vorgang in allen Lebensbereichen: Lehre, Studium, Familie. Alles beginnt spannungsvoll, lebt eine Zeit lang aus diesem Schwung heraus und flacht dann ab. Es verbraucht sich. Die Spannungen und Reibereien, die Verletzungen, die dann verursacht werden, führen wir moralisch auf Bosheit zurück. Und das tut uns weh. Aber die Bosheit, die daraus entstehen kann, ist nicht das ursprüngliche Phänomen. Dieses ist das Sichverbrauchen der Zeit. Unmerklich, von der Kraft der Vergänglichkeit vernichtet, stumpft das ab und stirbt, was uns einst Lebensquell war.

Doch wahres Leben ist nur im Aufgang. Wir leben, solange wir zu empfinden vermögen. Durch das Empfinden erst nehmen wir jene Seite der Dinge wahr, die uns anzieht, begeistert, die Freude des gemeinsamen Daseins erfahren lässt. Wir bekommen Lebenslust, wie Böhme sagt. Ein solches Mitempfinden ist die Grundlage für jene Seinsweise, die der mystische Naturphilosoph vor Augen hatte: das Leben als Liebe-Spiel. Alsdann erst sieht und hört und fühlt der Mensch den Geist des Sinnes der Dinge dieser Welt.
Das Böhmesche Mitempfinden wird möglich im Prozess des Neubeginnens, des ständigen Aufgangs.
Immer wieder von vorne anzufangen, unaufhörlich den Ort unseres Daseins neu zu entdecken, ist eine urmenschliche Eigenschaft. Das Ende ist die Voraussetzung für den Anfang.
Was hindert uns dann, die Frische des Neubeginnens immer wieder zu erfahren? Vielleicht dieses: Wir flüchten in Abstraktionen, weil wir die Schönheit eines vom Konkreten erfüllten Lebens nicht entdecken können. Wir verkennen die Fülle des Augenblicks.

Frage: Was nennst du Abstraktionen?

Antwort: Zuerst einmal verstehe ich darunter, was das Wort unmittelbar suggeriert: Wir leben unsere Existenz vorwiegend im Kopf. Unsere Realität besteht oft nur aus Gedanken und Konstruktionen. Uns fehlt die beglückende Erfahrung der leiblichen Realität.

Was ist Realität?

Sie ist keine bestehende Größe, die man sachlich erfassen könnte. Realität ist eine Fiktion, die von jedem jeweils anders empfunden wird. Wirklichkeit geschieht, indem alles ständig wird. Es verbraucht sich, sucht, findet, verliert sich wieder, um erneut beginnen zu können. Es geht darum, dass du dich in diesem Prozess der ständigen Veränderung findest, indem du das Eine, Unveränderliche, wirklich Wirkliche findest.

Und im Hinblick auf diesen Prozess der Selbstfindung im Wirrwarr des geschichtlichen Geschehens meinst du, wir leben abstrakt?

Ich möchte jetzt nur mit dir über dich reden – nicht über die Geschichte. Ich frage dich: Lebst du im Hinblick auf den entscheidenden Prozess deiner Selbstfindung nicht abstrakt? Lebst du nicht mehr in Gedanken als in der Wirklichkeit deines Körpers, deiner Familie, deiner Möglichkeiten? Flüchtest du nicht oft in große Projekte und vernachlässigst die unmittelbare Aufgabe?

> Die Größe des Schlichten entdecken!
> Ja, empfindsam werden
> für den eigenen Leib,
> für die eigene Lebensgeschichte,
> für die eigene Familie,
> für die nächsten Nächsten,
> für das alltägliche Leben.

Ja, empfindsam werden
für die Erde und die Natur,
für Pflanzen und Tiere,
für Flüsse und Meere,
für die Würde des Menschen,
für die Schönheit der Rassen und Völker,
für die Mannigfaltigkeit von Kulturen,
für die Vielfalt der Denkformen,
für die Vielheit von Göttern,
für die Pluralität der Religionen,
für die Verantwortung der Wissenschaft.

Ja, empfindsam werden
für die politisch Verfolgten,
für die religiös Verfolgten,
für die Vertriebenen,
für die Opfer der Kriege,
für die Armen und Kranken,
für die Einsamen,
für die Sterbenden,
für die Toten.

Empfindsamkeit ist mehr als intellektuelles Wissen. Sie ermöglicht den ganzheitlichen, kosmischen Seinsvollzug. Böhme verkündet:

Es geht nicht darum,
viel zu denken,
sondern gut zu leben.
Wirklich
lebt der Mensch,
wenn sein Geist
Leib wird.
Alsdann erst
ereignet sich
Leben als Aurora:
Morgenröte im Aufgang.

8
Leib und Sinne

»Der Wille ist der Anfang, der heißet Gott Vater, der
fasset sich in Kraft und heißet Gott Sohn; und das Ens der
Kraft ist die Scienz und Ursache des Sprechens als der Essenz
oder der Schiedlichkeit der einigen Kraft als die Austeilung
des Gemütes, welches der Geist mit seinem Ausgehen aus
der Kraft schiedlich machet.

Nun möchte aber kein Aussprechen oder Schallen geschehen, denn die Kräfte stehen alle in einer einigen Kraft in
großer Stille. Wenn sich nicht dieselbe einige Lust in der Kraft
in eine Begierde als in einer Scienz oder Einziehen fassete,
das ist: die freie Lust fasset sich in eine Scienz ihrer selbst
zu einer Formung der Kräfte, auf dass die Kräfte in eine
Kompaktion zu einem lautbaren Halle eingehen, davon die
sensualische Zunge[48] der fünf Sensuum[49] entstehet als eine
innigliche Beschauung, Fühlung, Hörung, Riechung und
Schmeckung,[50] welches doch allhie nicht kreatürlicher[51], sondern nur auf Art der ersten Empfindlichkeit und Findlichkeit
sensualischer[52] Art soll verstanden werden.«[53]

Meditation

Das Urwesen, wonach alles wurde, ist nicht materiell fassbar, wohl aber wirklich erfahrbar. Es ist nirgendwo als Seiendes lokalisierbar noch mit irgendeinem Geschöpf identifizierbar. Aber es ist die Ur-Idee, die im geschichtlichen Geschehen Realität *wird*. Der geschichtliche Prozess ist ein Werdeprozess. Alles ist im Leben unterwegs. Unterwegs wohin? Vielleicht unterwegs zu sich? Die Stationen dieses Unterwegs bleiben erhalten und bilden den Tempel, in dem sich der Kultus unseres Lebens abspielt.

Böhme denkt Sinnlichkeit und Leiblichkeit ursprünglich, erblickt sie im Augenblick ihres Entstehens. In diesem Augenblick ist alles identisch mit dem Urwesen. Darum denkt er Gott als Urleiblichkeit, deren Sich-öffnen die Grundformen der Weltbegegnung ermöglicht, die wir mit den Phänomenen Sehen, Fühlen, Hören, Riechen und Schmecken bezeichnen.

Dies verstehst du am besten, wenn du dich jetzt rein und ursprünglich zu erfahren versuchst. Gelingt es dir, deinen Körper gleichsam geistig zu erfahren, dann verstehst du, warum Jakob Böhme Gott gleichzeitig als Leib und Geist denkt, ohne dass sich dies widerspräche.

> Das Leben geschieht
> als Bewegung,
> die sich
> als Leib niederschreibt.
> Darum ist alles
> Geist und Leib
> zugleich.

Der Leib, der äußerlich betrachtet aus Knochen und Fleisch, Gliedern und Organen besteht, stellt eine geronnene Lebensgeschichte dar. Das Äußere und das Innere deines Lebens vereinigen sich im Leib. Der Unterschied Körper-Geist ist nur ein Begriff, der sowohl eine Verstehenshilfe als auch Ursache von Missverständnissen sein kann. In Wirklichkeit sind wir eine einheitliche Ganzheit, die sich geschichtlich werdend vollzieht. Möglichkeit und Sinn dieses Prozesses liegt genau *in den Sinnen*, geschieht durch sie. Sie bilden die vierfache Urbewegung des Lebens: Öffnung, Weltaufnahme, Sammlung, Leibwerdung.

Sei jetzt still, atme tief, versuche, das Wunder deines Lebens andächtig zu betrachten.

Deine Lebensgeschichte begann mit einer winzigen Materialität, die aus einer seelisch-körperlichen Verbindung entstand: dem Samen-Ei. Es enthielt schon eine Vorgabe; denn dadurch wurdest du in einen bestimmten Stamm gestellt. Aus dem befruchteten Ei entwickelte sich ein Embryo, der im Mutterleib die Grundphasen der Naturgeschichte durchlebte. Du bist Feuer und Wasser, Luft und Erde, Mineral, Pflanze und Tier. Auf dieser Grundlage geschieht der Prozess deiner Menschwerdung. Du kommst mit einer Anlage und einer geistigen Prägung zur Welt, die durch familiäres Erbgut und durch die Naturgeschichte bedingt sind. Mit dieser Vorlage schreibst du das Buch deines Lebens.

Du bist nun dieser Körper, der dich mit den Urzeiten der Naturgeschichte verbindet und der mit den Eigenschaften und Lastern deiner Eltern und Ahnen begabt ist. Dies musst du dein Leben lang akzeptieren und auch lieben; denn dies und nichts anderes ist deine Grundlage. Wäre die Welt für dich die Bühne, auf der du dein Leben spielen sollst, wäre dein Körper der enge Ort, wo du während der ganzen Vorstellung auf deinen Fußspitzen stehen musst.

Das Abenteuer deines Daseins begann mit deiner Geburt. Die Welt ging in dich hinein: die Elemente, Kälte und Wärme, Sonne und Mond, Nahrung. Du nahmst das Weltall in dich auf, wie deine Heimat es dir darbot.

Und alles wurde Leib. Ein ganz bestimmter Leib. Dein Leib.

Du machtest Erfahrungen mit den Mitmenschen. Gute und schlechte Erfahrungen. Die Küsse und Zärtlichkeiten deiner Mutter und deines Vaters. Vielleicht auch deiner Geschwister, Verwandten und Freunde. Liebeserfahrungen folgten. Du erlebtest Glücksstunden und Enttäuschungen, Ehrungen und Demütigungen.

Das alles wurde Leib. Ein bestimmter Leib. Dein Leib.

Dann kamen Studium und Lehre, Beruf und Arbeit. Du hattest Erfolge und Niederlagen. Du lerntest die Angst vor dem Scheitern kennen. Du wurdest auch von den Gefahren der Überheblichkeit heimgesucht. Du erfuhrst, was es bedeutet, Tag für Tag kämpfen zu müssen.

Das alles wurde Leib. Ein bestimmter Leib. Dein Leib.

Sport, Tanz, gute Ernährung und Entleerung ließen dir die Freude, in einem Körper zu leben, zuteil werden. Aber auch Verletzungen, Hemmungen, Krankheiten, der Kampf gegen schlechte Lebensführung wurden in deinem Leben Realität.

Das alles wurde Leib. Ein bestimmter Leib. Dein Leib.

Eines Tages lerntest du einen Menschen lieben und gründetest mit ihm eine Familie. Und du erfuhrst die Wonnen des Zusammenseins, aber auch die schmerzhafte Verengung der zwischenmenschlichen Beziehungen. Du lerntest Leid und Freude kennen. Kinder wurden geboren. Du erlebtest das Glück, dich in einem anderen Menschen wiederzufinden. Mit dem Glück kamen auch die Sorgen, die Probleme, die unruhigen Nächte.

Das alles wurde Leib. Ein bestimmter Leib. Dein Leib.

Du konntest vielleicht nie einen Menschen richtig kennen und lieben lernen und sehnst dich dein Leben lang danach. Du wünschtest dir Kinder, konntest aber keine bekommen.

Auch das wurde Leib. Ein bestimmter Leib. Dein Leib.

Dein Leib: das Grundgedächtnis deines Lebens.
Er behält alles. Zeigt und verbirgt zugleich. Der Abgrund von Erfahrungen, die dein Leben ausmachen, ist in ihm er-innert. Diese leibliche Er-innerung prägt dein Außen und deine Beziehung zur Außenwelt. Wenn du denkst, denkst du nicht nur in einem Leib, sondern mit deinem Leib und durch ihn. Wenn du sprichst, sprichst du mit deinem Leib. Wenn du liebst, wird leiblich die ungründige Sehnsucht deines Wesens nach Glück.
Der Leib des Menschen spiegelt Welten wider: sein Leben, seine Heimat, die unendliche Geschichte von Leid und Glück. Wenn wir von der Würde des Menschen sprechen, so nennen wir damit auch die Würde seines Leibes.
Die Mannigfaltigkeit von Hautfarben ist die Zierde, womit sich der Tempel des Lebens schmückt. Die Handlungen, die der Mensch zusammen mit Mutter Natur und Vater Himmel darin vollzieht, stellen das Lob zu Ehren des höchsten Gottes dar.

Essen und schlafen,
atmen und gehen,
sprechen und denken,
fühlen und lieben
sind heilig.
Und der Genuss
von Wasser und Wind,
Sonne und Schatten
ist heilig.
Und der Genuss

der Früchte der Erde
ist heilig.
Und der Genuss
des menschlichen Körpers,
der Leben schafft,
ist heilig.
Und der Tod,
der uns
in die Mutter Erde
zurückbringt,
ist heilig.

Schmerzlich beugen wir uns vor dem Geheimnis anormaler und
entstellter Menschen, vor dem Rätsel von Erkrankungen und
Krankheiten, vor dem Schicksal von Menschen, deren Lebensführung Körper und Geist ruiniert. Wir empören uns über die Brutalität
und Sinnlosigkeit von Kriegen, welche die Schönheit und Gesundheit von Menschen zerstören. Wir leiden mit all jenen, die
im Namen Gottes als Andersdenkende verachtet werden.

Gott des Lebens, wir danken dir für unseren Körper und dafür,
dass du uns lehrst, ihn zu achten, zu pflegen, zu lieben. Wir beten
jetzt nicht mehr nur mit Worten und Gedanken, nicht nur im Geist,
wir beten mit unserem ganzen Wesen, das Leib geworden ist.

Ihr Menschen alle
euer Körper,
mein Körper,
unser Körper
ist heilig.

Der Leib aller Lebewesen,
der Leib der Erde,
der kosmische Leib
ist heilig.

Euer Gebet sei nunmehr:
Gott meines Lebens
gib,
dass in meinem Körper
nicht nur
ein Herz wohne,
sondern
dass in jedem Punkt
meines Leibes
mein ganzes Herz
schlage.

9
Das Gemüt

»Dieses Herz oder Zentrum des Ungrundes ist das ewige Gemüt, als das des Wollens, und hat doch nichts vor sich, das es wollen kann als nur den eigenen Willen, der sich in dieses Zentrum einfasset. So hat auch der erste Wille zum Zentrum auch nichts, das er wollen könnte, als nur diese einige Stätte seiner Selbst-Findlichkeit. Also ist der erste Wille der Vater seines Herzens oder der Stätte seines Findens, und ein Besitzer des Gefundenen also seines eingeborenen Willens oder Sohnes.

(...)

Und ist in der Natur immer eines wider das andere gesetzet, dass eines des andern Feind sei, und doch nicht zu dem Ende, dass sichs feinde, sondern dass eines das andere im Streite bewege und in sich offenbare, auf dass das Mysterium Magnum in Schiedlichkeit eingehe und in dem ewigen Einen eine Erheblichkeit und ein Freudenreich sei, auf dass das Nichts in und mit Etwas zu wirken und zu spielen habe als der Geist Gottes, welcher sich durch die Weisheit hat von der Ewigkeit in ein solch geistlich Mysterium eingeführet zu seiner selbst Beschaulichkeit; welch Mysterium Er auch in einen Anfang zur Schöpfung und zur Zeit eingeführet und in ein Wesen und Weben der vier Elemente gefasst, und das unsichtbare Geistige mit und in der Zeit sichtbar gemachet (...), denn Er ist der Anfang der Natur und führet sich doch nicht darum aus dem ewigen Einen in einen ewigen Anfang zur

Natur, dass Er will etwas Böses sein, sondern dass seine Kraft möge in Majestät als in Schiedlichkeit und Empfindlichkeit kommen und dass ein Bewegen und Spielen in Ihm sei, da die Kräfte miteinander spielen und sich in ihrem Liebespiel[54] und Ringen also selber offenbaren, finden und empfinden, davon das große unmessliche Liebe-Feuer im Bande und in der Geburt der Hl. Dreifaltigkeit wirkend sei.«[55]

»Das Ausgegangene heißt die Lust der Gottheit oder die ewige Weisheit, welche ist der ewige Urstand aller Kräfte, Farben und Tugenden, durch welche der dreifache Geist in dieser Lust begehrend wird, als nämlich der Kraft, Farben und Tugenden, und sein Begehren ist ein Impressen, ein sich selber Fassen. Der Wille fasset die Weisheit ins Gemüte, und das Gefassete im Verstande ist das ewige Wort aller Farben, Kräfte und Tugenden, welches der ewige Wille aus dem Verstande des Gemüts durch den Geist ausspricht.

Und dasselbe Sprechen ist das Bewegen oder Leben der Gottheit: Ein Auge des ewigen Sehens, da eine Kraft, Farbe und Tugend die andere im Unterschied erkennet, und stehen aber alle in gleicher Eigenschaft ohne Gewicht, Ziel oder Maß, auch voneinander ungetrennet. Alle Kräfte, Farben und Tugenden liegen in Einer, und es ist eine unterschiedliche ineinander wohlgestimmte gebärende Harmonie: Oder, wie ich es setzen möchte, ein sprechendes Wort, da in dem Wort oder Sprechen alle Sprachen, Kräfte, Farben und Tugenden inne liegen und mit dem Hallen oder Sprechen sich auswickeln und in ein Gesicht oder Sehen einführen.«[56]

Meditation

Göttlich
ist das Wesen,
dessen Herz
in jedem Punkt
seiner selbst
anwest.
Es ist hell.
Es ist licht.
Es ist warm.
Es ist der Ort
der Lebensgeburt.
Neues Sein.
Das Gemüt.

Die uns bekannten menschlichen Kulturen haben eine einseitige
Auffassung von Leben ihrem Weltentwurf zugrunde gelegt. Wir
können sie die *männliche* nennen. Sie gründet auf Macht, meint
uneingeschränktes Wissen besitzen zu müssen, zielt auf Ruhm
und Geld ab. Entscheidend ist die Leistung, nicht das Sein. Am
stärksten ist diese Auffassung in der abendländischen Kultur
deshalb zur Geltung gekommen. Hier wird sie philosophisch,
theologisch und wissenschaftlich begründet.
Dem Weltverständnis, in dessen Mitte die Macht steht, entspricht
das Verständnis Gottes als männlichen Schöpfer, Allmächtigen
und Herrscher, der auswählt und befiehlt, beängstigt und bestraft.
Dieser theologischen Konstruktion entstammt die philosophische
Bestimmung des Menschen als Vernunft oder absoluter Geist, die
ihn in die Enge eines bloß erkennenden Wesens drängt. Die
Verkürzung des Menschlichen auf die intellektuelle Erkenntnis
bewirkt die Haltung des nur seinen Profit suchenden Menschen.
Diese Einseitigkeit prägt auch Wissenschaft und Technik.

Des Menschen Seele
ermüdet so sehr
in einer Welt,
in der
einzig
Macht und Leistung
zählt
als höchster Wert.
Hast du nicht
geträumt
in den Nächten deines Leidens
von einer anderen Welt?

Von seiner Lebenserfahrung her entwirft Jakob Böhme eine andere
Welt. Zwar kennt er auch den Drang nach Macht, den Kampf und
das Ringen, die Tendenz zur Selbstzerstörung, die er das Böse
nennt. Er erfuhr all das nicht nur in der Menschenwelt. Auch in
der Natur erblickte er dessen Wirkung. Dank einer tieferen Seinserfahrung öffnete sich ihm jedoch die Möglichkeit einer anderen
Dimension: der *weiblichen*.

In der vom weiblichen Prinzip umhüllten Welt besteht auch das
Männliche. Aber es ist durch die Vereinigung mit dem Weiblichen
gereinigt, in Höheres erhoben, was Böhme mit verschiedenen
Worten auszudrücken versucht. Am treffendsten spricht er es im
Wort *Gemüt* aus.

Gemüt kommt vom mittelhochdeutschen *gemüete* und hängt zusammen mit Mut (althochdeutsch, mittelhochdeutsch *muot*: nach
etwas trachten, erregt sein, heftig verlangen). Im Unterschied zur
Vernunft (althochdeutsch *vernumft*: erfassen, ergreifen), die auf
den Bereich der intellektuellen Erkenntnis eingeschränkt bleibt,
umfasst Gemüt die Gesamtheit des Denkens und Fühlens, alle
seelischen Empfindungen und Regungen, auch den intuitiv-schöp-
ferischen Charakter des menschlichen Geistes.

Der Mystiker ordnet die Lebenserfahrung, die er mit Gemüt bezeichnet, nicht als Erstes dem Menschen, sondern Gott, d.h. dem Sein zu. Gemüt ist ein Tiefenphänomen, das Herz des Ungrundes, die Quelle des Lebensgeheimnisses.

Wenn in der Mitte des Seins weder der »Krieg als Vater aller Dinge« (Heraklit) noch der Logos stehen, sondern das Gemüt waltet, dann verändert sich die Sicht des Lebens radikal.
Der Sinn von Sein ist nicht mehr Kampf, Unterwerfung, Sieg. Der Sinn ist *spielen und lieben*, weil Sein ein *Liebe-Spiel* ist. Und der Sinn von Sinn ist weder die Vernunft noch der absolute Geist, noch das sich wissende Wissen, noch der Wille zur Macht, noch der Übermensch, noch das alles transzendierende Bewusstsein, noch das Denken.
Der Sinn von Sinn ist die Freude des Spielens; denn das Leben des Seins ist das Geschehen eines Spiels im Garten der Welt. Damit Spiel und Freude seien, ist »das eine wider das andere gesetzt worden«, nicht damit »sichs feinde«, sondern damit Lust zum Spielen im Freudenreich möglich werde. Erst von daher, vom Spielen her, werden Vernunft und Geist und Wissen und Denken sinnvoll.
»Der Leib kann das Gemüte nicht begreifen, aber das Gemüt begreift den Leib und führet ihn zu Lieb und Leid«, singt Böhme.[57]

Wenn der Mensch vorwiegend von einem bestimmten Bereich (Erkennen, Handeln, Schaffen, Glauben usw.) her verstanden wird, dann verliert er den Sinn für den weiten Horizont von Möglichkeiten, die er im Wesen ist. Wird das Menschliche aber vom göttlichen Gemüte (als dem »Herzen des Ungrundes«) her erfahren, so öffnet sich eine neue Welt.

Diese Welt
ist hell,
denn die Finsternis
dient dem Licht.
Diese Welt
ist warm,
denn die Kälte
dient dem Feuer.
Diese Welt
ist schön,
denn die Vernunft
findet die Seele.
Diese Welt
ist lebendig,
denn das Denken
denkt nunmehr
vom Herzen her.
Diese Welt ist rein,
denn es fliesst
durch ihre Adern
die Lebenslust
der weiblichen Gottheit.
Diese Welt
ist heilig,
denn Vater Gott
hat endlich gefunden
sein Weib.

Selten ist der Traum des Menschen nach wahrem Leben so ursprünglich und gewaltig und zugleich so warm und weich ausgesprochen worden wie vom Philosophus Teutonicus. Aber er steht nicht allein. In den östlichen Traditionen wird seit Jahrtausenden der Sinn gezeigt – und Wege, die dahin führen können. Der östlichen Erfahrungsweise entspricht die der abendländischen Mystik: Hildegard von Bingen, Mechthild von Magdeburg, Meister Eckhart, Angelus Silesius, Johannes Tauler, Teresa von Avila, Johannes vom Kreuz, Thérèse von Lisieux und andere mehr. Immer wieder sind im Abendland Bewegungen entstanden, welche die menschliche Welt vom Ursprung her zu gestalten versuchten. Die Erneuerungsbewegung der deutschen Romantik sprach sich im Hauptwort »Zurück zu den Müttern!« aus. Licht und Wärme, Kraft und Freude sollten die Welt erfüllen. Mit den Mythologien der Antike und den vorsokratischen Philosophen entdeckten die Romantiker die Mystik und hier insbesondere die Gestalt Jakob Böhmes, die zur Seele der Bewegung wurde. Ebenso finden sich in der europäischen Literatur Ansätze, die das Weltverständnis umzukehren versuchen. Calderón de la Barca etwa entlarvt im »Das Leben ein Traum« und »Das große Welttheater« die Realität – wie wir sie zu nennen pflegen – als bloßen Schein. Die Wirklichkeit ist in einer anderen Welt zu suchen, die sich durch die Geschichte hindurch hervorträumt. Ähnlich dachten auch Shakespeare und Goethe und viele andere.

Doch diese Versuche wurden immer wieder erstickt. Nie erzielten sie allgemeine Wirkung. Ist nun vielleicht die Zeit gekommen, in der wir endgültig einsehen, dass der Mensch nicht nur Verstand und Vernunft, sondern auch Herz und Gemüt ist? Dann wird er Geist im Leib.

Die Armut auf der Welt im Zeitalter der Technik, die Not der atomaren Gefahr, die Enttäuschung der Jugend, die weltweite Drogenszene, die Kälte, die uns umgibt, die Hektik, die uns treibt, machen uns krank. Sie wecken aber auch zugleich in uns die

Sehnsucht nach Annahme und Wärme, nach Freude und Lebenslust, nach Wahrheit und Echtheit. Wir sehnen uns nach Reinheit und Glück.

Ist vielleicht die Zeit gekommen, in der die wirkliche Vereinigung des Weiblichen und des Männlichen Philosophie, Religion und Wissenschaft, Gesellschaft und Politik, das ganze menschliche Leben prägen wird?

Wir spüren, was wir zu lernen haben: den Weg vom Kopf zum Herzen. Alsdann durchdringt langsam das »ewige Gemüte« unser Dasein.

Für diese ganzheitliche Umkehr wird heute gute Hilfe angeboten: Therapie, geistige und körperliche Übungen, Gespräche, Betrachtung und Gebet, Fasten und meditativer Tanz. Auch Sport wird therapeutisch angewandt.

Eine andere Möglichkeit stellt die Meditation dar, die wir hier üben.

Durch philosophische Meditation hebt sich der Mensch in die Dimension des Lichtes, das reinigt und erhellt.

Wenn wir dabei bewusst atmen, spüren wir die leibliche Wirkung unmittelbar.

Die Welt des Lichtes ist das Reich der Urbilder, die in der Schöpfungsgeschichte langsam Realität werden. Die Ur-Idee, die dieses Geschehen durch den katastrophalen Wirrwarr zum Guten leitet, nennt Jakob Böhme die *Ewige Natur*.

10
Gestalten
der ewigen Natur

»So ich dir aber die Gottheit in ihrer Geburt soll in einem kurzen runden Zirkel recht in der höchsten Tiefe beschreiben, so ist sie also: Gleich als wenn ein Rad vor dir stünde mit sieben Rädern, da je eines in das andere gemacht wäre, also dass es auf Erden gehen könnte, vor sich und hinter sich und quericht und bedürfte keiner Umwendung. Und so es ginge, dass immer ein Rad in seiner Umwendung das ander gebäre und doch keines verginge, sondern alle sieben sichtlich wären. Und die sieben Räder gebären immer die Naben inmitten nach ihrer Umwendung, dass also die Nabe frei ohne Veränderung immer bestünde. Die Räder gingen gleich vor sich oder hinter sich oder quericht oder über sich oder unter sich. Und die Nabe gebäre immer die Speichen, dass sie in dem Umwenden überall recht wären, und doch auch keine Speiche verginge, sondern sich immer also miteinander umdrehte, und ginge, wohin es der Wind drehete, und dürfte keiner Umwendung.

Nun merke, was ich dir bescheide: Die sieben Räder sind die sieben Geister Gottes. Die gebären sich immer einer den andern, und ist wie man ein Rad umwendet, da sieben Räder ineinander wären und eines drehete sich immer anders als das ander in seinem Innenstehen, und wären die sieben Räder ineinandergefelget wie eine runde Kugel. Da man doch gleichwohl alle sieben Räder, eines jeden Umgang insonderheit sähe, sowohl auch seine ganze Geschicklichkeit mit seinen

Felgen und Speichen und mit seinen Naben. Und die sieben Naben inmitten wären wie eine Nabe, die sich im Umwenden überall hinschickte, und die Räder gebären immer dieselben Naben, und die Nabe gebäret immer in allen sieben Rädern die Speichen, und verginge doch auch kein Rad, sowohl auch keine Nabe und auch keine Felge und Speiche. Und dasselbe Rad hätte sieben Räder und wäre doch nur ein Rad, und ginge immer vor sich, wo es der Wind hintriebe.

(...)

Aber merke hier recht: Die ernste und strenge Geburt, daraus der Zorn Gottes, die Hölle und der Tod ist worden, die ist wohl von Ewigkeit in Gott gewesen, aber nicht anzündlich oder erheblich. Denn der ganze Gott stehet in sieben Species oder siebenerlei Gestalt oder Gebärungen. Und wenn diese Geburten nicht wären, so wäre kein Gott, auch kein Leben, auch kein Engel, noch einige[1] Kreatur.

Und dieselben Geburten haben keinen Anfang, sondern haben sich von Ewigkeit also geboren. Und nach dieser Tiefe weiß Gott selber nicht, was er ist. Denn er weiß keinen Anfang und auch nichts seinesgleichen und auch kein Ende.

Dieser sieben Gebärungen in allem ist keine die erste und auch keine die andere, dritte und letzte, sondern sie sind alle sieben eine jede die erste, andere, dritte, vierte und letzte. Doch muss ich nach kreatürlicher Art und Weise eine nach der andern setzen, sonst verstehst du es nicht, denn die Gottheit ist wie ein Rad mit sieben Rädern ineinander gemacht, da man weder Anfang noch Ende siehet.«[2]

»Günstiger Leser, verstehe den Sinn recht und wohl: Es hat nicht den Verstand,[3] als wären die sieben Eigenschaften geteilet, und wäre eine neben der anderen oder eher als die anderen. Sie sind alle sieben nur als eine, und ist keine die erste, andere oder letzte, denn die letzte ist wieder die erste. Gleichwie sich die erste in ein geistig Wesen einführet, also

124

die letzte in ein leiblich Wesen, die letzte ist der ersten Leib. Man muss nur im Stückwerk also reden, dass mans kann schreiben und den Sinnen entwerfen, dem Leser nachzusinnen. Sie sind allesamt nur die Offenbarung Gottes nach Liebe und Zorn, nach Ewigkeit und Zeit.

(...)

Eine jede Eigenschaft ist für sich selber wesentlich und hat in ihrem Wesen auch der anderen 6 Gestalten Wesen und macht der andern Gestalten Wesen, in ihrem eigenen Wesen, wesentlich, wie wir dies an Erde und Steinen sehen, insbesondere an Metallen, da oft in einer Kompaktion alle 7 Metalle ineinander innen liegen und nur eine Eigenschaft nur die oberste ist, welche die anderen alle in sich coaguliert[4] und gefangen hält und ist je eine mehr offenbar als die andere, nach dem eine jede Eigenschaft in einem Dinge stark ist. Ebenso ist es auch in den Wachsenden zu verstehen. Da ist oft in einem Kraute oder Holze herbe oder sauer, bitter, Angst oder schweflische, feurische, süße und latsche[5] oder wässerische.«[6]

Meditation

Woraus ist alles entstanden? Was war da, bevor etwas entstanden ist? Wo endet der Kosmos? Was ist nach diesem Ende? Wann wird alles enden? Was kommt danach, wenn die Geschichte zu Ende gegangen ist? Ist die Ewigkeit auch entstanden?

Diese Fragen beunruhigen seit eh und je Kinder und Erwachsene, Ungebildete und Wissenschaftler.
Wenn der Theologe antwortet: Alles stammt vom Schöpfer, so fragt das Kind in uns: Wer hat den Schöpfer gemacht?
Wenn der Wissenschaftler vom Urknall oder Urbrei spricht, so fragt das Kind in uns: Was knallte am Anfang der Zeiten oder was wurde gerührt? Woher kommt dieses Etwas?

Wenn wir die Krankheiten und die Bosheiten betrachten, so fragt das Kind in uns: Woher kommen sie? Hat sie Gott gemacht? Ist Gott dann auch böse?

Wenn wir Gott als Person zu denken versuchen, so fragt das Kind in uns: Ist Er auch geboren worden? Wer hat Gott erzeugt? Wer hat die Erzeuger Gottes erzeugt?

Jakob Böhme denkt anders. Er setzt am Anfang weder Gott noch eine Urmaterie noch einen Urgeist. Am Anfang war ein Unfassliches: Der Ungrund, der sich durch seine eigenartige selbstschöpferische Bewegung offenbart. Er nennt sie Gebärung. Es ist eine einzige Gebärung, die sich in sieben Momenten vollzieht. Die Momente sind nicht chronologisch zu verstehen. Jede Gebärung gebiert alles, aber jeweils anders. In der Zeit erscheinen sie unterschiedlich und im Nacheinander; in der »Zeit« vor der Zeit sind sie identisch und zugleich. Jakob Böhme nimmt nicht nur die evolutive Sicht der Naturgeschichte vorweg. Er denkt die Möglichkeit von Evolution und Geschichte, d.h. von Zeit überhaupt, derart tief, dass er der Urzelle des Seins begegnet: Hier ist Lust, die reine Lust des Lebens nach sich selbst, die sich den Hauch ihres Dranges zuflüstert:

»So nun in solchem Aussprechen kein freier Wille wäre, so hätte das Sprechen ein Gesetz und stünde im Zwange und möchte keine Begierde oder Lust entstehen; so wäre das Sprechen endlich und anfänglich. Welches nicht ist, sondern es ist ein Hauchen des Ungrundes und eine Schiedlichkeit der ewigen Stille, eine Austeilung seiner selbst.«[7]

Es war nur Stille. Und die Lust flüsterte sich selbst den Liebeshauch zu. Sie begehrte sich so sehr, dass sie – obwohl sie nichts war als reine Sehnsucht – sich selbst schwängerte, schwoll und dann sich öffnete. In der Öffnung wurde der Liebeshauch zum Wort. Das war der Anfang.

Am Anfang
war die Stille.
Ein Hauch
der Lust
des Ungrundes.
Die Lust
begehrte sich
und schwängerte sich selbst
und gebar das Wort.
Daraus entstand
das Leben,
Ewigkeit und Zeit,
die Materie
und der Geist.

Wir tauchen in die kosmische Nacht zurück, aus der die Urzeiten emporstiegen. Es schwindelt uns. Ist es sinnvoll, solche Fragen zu stellen?

Antwort: Wie der klärende Nachvollzug der eigenen Lebensgeschichte wichtig ist für das Selbstwertgefühl, so ist die Vergegenwärtigung unserer kosmischen Vergangenheit bedeutungsvoll, um der Würde des Menschen die Substanz zu geben. Den Urquell des Lebens erreichen wir nur durch eine ganzheitliche Rückbesinnung und durch Ehrfurcht, zu der uns das Gemüt führt. Im Mikrokosmos, der wir sind, erkennen wir die Urzeiten des Makrokosmos: die Weltalter. Jakob Böhmes Beschreibung der Ewigen Natur stellt die älteste Erzählung dar: die Biographie des Seins, das Leben wird und All und Mensch.

Warum nennt er das Urgeschehen *Ewige Natur*?

Ewigkeit:
Als Mose Gott nach seinem Namen fragte, antwortete er: »ehjeh aser ehjeh«. In diesem Satz spricht sich das Wort der Ewigkeit aus: Ich bin, der ich bin. Ewigkeit ist reine Gegenwart, das *nunc*

stans[8]. Das Ewige könnte sich als reine Gegenwart nicht erfahren, wenn ihm das *nunc stans* nicht ständig entschwände. Das Entschwinden des *nunc stans*, das als das Gründende bleibt, heißt Zeit.

Zeit ist das Sich-Entschwinden des Immer-Bleibenden.

Die Ewigkeit geschieht also in einer Unterscheidung von »Zeiten«, die gleichsam die Tage ihres Wirkens darstellen und die sie als das immerwährende Wirkliche bei sich behält:

»Ein jedes Hauchen hat eine Zeit als eine Tag- und Nacht-Länge (in der Fassung und Formungen) gewähret, und ist eine jede Eigenschaft eines Tages aus der anderen ausgesprochen oder ausgehaucht worden.«[9]

Das Entschwindende, das als das ewig Vergangene zurücktretend die unbewegliche Gegenwart ermöglicht, öffnet zugleich die ewige Zukunft, die nur der Wiedereintritt des immer schon Gewesenen sein kann.

> Gott ist,
> der Er ist.
> Der-Ist
> ist der,
> der war
> und
> der sein wird.
> Der Immerwerdende
> und Immerwährende.

Ehjeh aser Ehjeh.
Gott ist das »Qui-Est«: Der-Ist der jeweiligen »Zeiten«. Der Ungrund holt aus sich selbst den Grund hervor, den er sich ewig zugrunde legt und an dem er sich als ewige Freiheit erfährt.

Natur

Ohne das entschwindende Andere könnte keine Bewegung, folglich kein Leben sein. Das Andere, welches das ewige Urwesen braucht, um sich selbst zu fühlen, kann nur es selbst sein. Denn am Anfang war allein die stille Lust, die Hauch und dann Wort wurde. Aber es ist es selbst als Gesetztes, damit Unterschied und so Geschehen sei. Es heißt deshalb Natur, weil es die Momente der Festlegungsgeschichte (Leibwerdung) des Urgeschehens darstellt. Es ist die als Leben niedergeschriebene Erzählung der Geburten, welche die Grundepochen der Naturgeschichte darstellen.

Die Natur ist, wie die Lust des Lebens nach sich selbst, nie *nicht* gewesen.

Aber ihre Geburten erscheinen als fassbare Wesenheiten in der Zeit.

So ist sie ewig und zeitlich zugleich.

Ewige Natur.

Die sieben Gestalten oder Geister, von welchen Apoc. J stehet

I.	Herbe, Begehren, Wille.	1. Finstere Welt. Gleichnis am Stock einer Kerze.
II.	Bitter oder Stachel.	
III.	Angst, gehet zu dem Feuer-Blitz.	
IV.	Feuer finster = Feuer Licht-Feuer	2. Finstere (Feuer-)Welt. Gleichnis am Feuer einer Kerze.
V.	Licht oder Liebe, daraus das Wasser des ewigen Lebens fleusset.	3. Licht-Welt. Gleichnis an dem Licht einer Kerze.
VI.	Der Laut oder Ton, Klang oder Mercurius.	
VII.	Wesen oder Natur.	

»Diese sind also die sieben Eigenschaften der ewigen und zeitlichen Natur:

als nach der Ewigkeit geistlich und in heller, kristallinischer durchscheinender Wesenheit,

also zu (ver)gleichen

und nach der äußern geschaffnen Welt,

in böse und gut untereinander im Streite

zu dem Ende also worden, dass sich die inneren, geistlichen Kräften durch die streitende Scienz, in kreatürlichen Formen und Geburten einführeten, dass die göttliche Weisheit in Wundern der Formungen in mancherlei Leben offenbart wurde; denn in der Temperatur[10] mag keine Kreatur geboren werden, denn sie ist der einige Gott, aber im Ausgange der Scienz des einigen Willens, indem Er sich in Partikular[11] scheidet, so mag eine Kreatur als ein Bild des geformten Wortes urstanden.«[12]

11
Erste Gestalt

Begierde oder Einfassen
Herbe Erde

»Der Natur erste Gestalt ist Herbe als die Fasslichkeit
ihrer selber. Ihre Gestaltnisse, so in ihrer Fassung entstehen,
sind diese: als 1. Finsternis, denn die Fassung überschattet
den freien Willen in der Scienz; zum 2. ist es die Ursache der
Härtigkeit, denn das Angezogene ist hart und rauh; doch soll
im Ewigen nur Geist verstanden werden; zum 3. ist es eine
Ursache der Schärfe; zum 4. eine Ursache der Kälte als der
kaltfeuernden Eigenschaft; zum 5. eine Ursache aller Wesenheit
oder Begreiflichkeit, und ist im Mysterio Magno die Mutter
aller Salze und eine Wurzel der Natur und wird im Mysterio
mit einem Wort Sal genannt als eine geistliche Schärfe, der
Urstand Gottes Zornes, auch der Urstand des Freudenreichs.«[13]

»1. Erde. Begierde ist das Fiat oder der Anfang zur Natur
und impresset sich selber. Und es kommt aus dieser Eigenschaft: 1. Herbe, Härte, Schärfe, Kälte; 2. alle Salze, Steine,
Beine, Erde; 3. alles, was grob, hart und irdisch ist. Es steht
im Zeichen des Planeten Saturn.«[14]

Meditation

Die Natur hat keinen Anfang.
Doch hat sie eine Wurzel:
Die Lust des Lebens,
das lieben will.

Wurde sie auch geboren
die Wurzel der Natur?

Die Lust hatte am Anfang nichts vor sich, was sie begehren konnte.
In jener ersten Nacht des kosmischen Beginns war sie einsam –
nur mit sich. Die Einsamkeit bedrückte sie, denn sie wollte leben.

Es war sehr dunkel
in der ersten Nacht der Zeit.
Die Lust wusste nicht,
wohin mit sich.
Es war noch
niemand außerhalb.
Es war noch
kein Außerhalb.
Allein,
nur mit sich,
die Lust des Lebens,
das lieben wollte.

Nur das Wollen der Lust des Lebens war da. Sein Dasein war
Insichsein. Es erfüllte den leeren Kosmos – das Wollen der Lust.
Aber es war nichts, und es war auch niemand da, den es begehren
konnte.
Die kosmische Einsamkeit wurde unerträglich. Die Nacht immer
dichter. Und das Begehren der Lust immer inniger.

Die Innigkeit des Begehrens wurde immer tiefer im Dunkel der ewigen Nacht. Denn es hatte Lust, aber es war niemand zum Liebhaben da. Es war sehr schmerzlich, so heftig zu begehren und doch niemanden zu haben, dem dieser ewige Lebensstrom geschenkt werden könnte.

Und das Begehren der Lust drohte zu ersticken unter der Kraft des unendlichen Lebensstroms.

Als die Gefahr, unter dem Gewicht des Lebensstroms zu ersticken, den Höhepunkt erreichte, schlug die Innigkeit der unerfüllten Lust in Zorn um. Denn das Begehren wollte nicht sterben. Es wollte leben. Aber zum Leben brauchte es etwas, das es lieben konnte. Und das Begehren schrie in seinem Zorn: Ich will leben!

Gleich schallte es von allen Punkten der Unendlichkeit der ersten kosmischen Nacht wider: Ich will! Ich will! Ich will!

Alsdann erst sah die Lust, dass sich das Begehren in seiner Wut verdoppelt hatte. Es waren nunmehr das Ich und das Wollen dieses Ichs. Das war eine Grundlage für das Leben, das immer zwei braucht, um eins bleiben zu können. Es sind zwei notwendig, damit ein Anfang überhaupt möglich werde: Eines, das gibt, das war das Ich, und eines, das empfängt, das war das Wollen. Aber das Ich war auch zugleich Empfänger, und das Wollen Geber. So war, bevor der Anfang begann, noch kein Unterschied da, nur die Scheidung des Einen in die ersten Zwei.

In diesem Augenblick verwandelte sich das verdoppelte Begehren in seinen Sprössling, die Begierde.

So entstand die erste Göttin, die Mutter des Lebens. Sie war zwar nicht der Anfang, aber doch die Wurzel von allem.

Sie war aus dem Zorn geboren, der das Begehren in seiner Einsamkeit erfasst hatte. Der Zorn wiederum war aus der Innigkeit entstanden, welche die Lust in der Kälte jener finsteren Ur-Nacht empfunden hatte.

So war die erste Göttin beides: lieblich und zornig, kalt und warm, finster und hell, weich und kräftig, gewaltsam und sanft.

Doch das Moment, in dem sich das Begehren durch seinen Zorn

in sich gekehrt und gefasst hatte, war entscheidend gewesen. Es durfte nie mehr vergessen werden.

Und es wurde für alle Zeiten festgehalten.

Für immer wurde in jener ersten Nacht entschieden:

Es sei künftig überall und immer, im Kern eines jeden Geschöpfs Begierde, auf dass in jedem Punkt des Alls ein Ich sei, das leben wolle. Dieses Erste soll im Laufe des Prozesses zum Untersten werden; denn die Finsternis ist da, damit das Licht leuchtet und strahlt, und die Kälte, damit Wärme empfunden werden könne. Aber die Begierde selbst wird nie vergessen, dass sie die Gebärerin ist, und daher immer wieder versuchen, Oberhand zu gewinnen. Sie muss lernen unten zu bleiben. Und das wird schwierig sein. Das erste Weltalter des Lebens wird im Zeichen des Kampfes stehen. Es ist gut so!

Dramatisch endete also die erste Nacht des Seins. Es erhielt dabei die Ursubstanz für sein Grundgerüst, das ihm Zusammenhalt verleiht. Und auch die Vorahnung über den weiteren Verlauf des Prozesses wurde ihm gegeben.

Die Ewige Natur hinterließ das Merkmal dieses Moments ihrer Genesis real und bildhaft in der Gestalt der *Erde*. Deren Inneres wird in vielen Mythologien als Ort der bösen Mächte, zugleich aber als das Bergende und Gebärende, als die Ur-Mutter angesehen. Gemeint ist dabei nicht die materielle Erde, die später entsteht. Es geht um die geistige Qualität, die sie auszeichnet: das Irdische, die Irdigkeit. »Soll doch im Ewigen nur Geist verstanden werden«. Das Irdische ist eine Grundeigenschaft des Seienden. Ohne dies kann nichts sein. Seine Abwesenheit bedeutete Selbstauflösung. Wo aber Leben im Zeichen dieser Eigenschaft gestaltet wird, erscheint die Härte, Herbe und Schärfe. Werden die Qualitäten materiell, bilden sich die Salze, die Steine, das Gebein. Auch in der tierischen Erscheinungsform erblickt der Mystiker die Selbstdarstellung der einziehenden Egoität und nennt als Verkörperung den Wolf. In der menschlichen Psychologie erscheint sie als Geiz. Die Lehrer der Kabbala benannten diese Eigenschaft mit dem Wort Sal. Es bedeutet das rein Attraktive.

Die empirischen Erscheinungsformen erläutern das Evolutionsprinzip, worum es hier in erster Linie geht:

»Herbe, welches der Anfang zur Stärke und Macht ist, als ein Grund, daraus alles kommt und urständet, aus des Vaters Eigenschaft im Worte.«[15]

Das Wort erscheint überall dort in »des Vaters Eigenschaft im Worte«, wo wir geronnenes (»angezogenes«) Gründungsgeschehen vor uns haben.
Wir wollen uns aus der göttlichen Welt der Urbilder, in der wir uns aufhielten, auf den Boden der Wirklichkeit begeben, in der wir leben.
Wir öffnen die Augen und schauen uns um.

Die erste Naturgestalt erscheint in der Gestalt des *Gesetzes*. Blicken wir auf die menschliche Gemeinschaft.
Menschen begegnen sich. Sie finden Gefallen aneinander. Eine Beziehung entwickelt sich. Diese öffnet ihre Räume, versucht Regeln des Zusammenlebens. Am Anfang ist alles spontan, provisorisch. So geschieht der Findungsprozess. Langsam ergeben sich Wünsche und Beziehung. Diese begründet ihre Notwendigkeit. Das, was am Anfang ungezwungen als freie Bewegung geschah, bewährt sich, beruhigt sich. Es setzt sich und legt sich fest, wird zum Gesetz.

Das Gesetz gibt dem Leben Festigkeit und Halt. Es verliert dabei an Spontaneität, gewinnt jedoch an Sicherheit. Es bekommt den Boden, auf dem es sich weiter entfalten kann. Mose wurde das Gesetz auf Steintafeln geschrieben überreicht. Gesetz ist festgelegtes Leben, das dem Menschen Ordnung, Schutz und Geborgenheit bietet.

Es ist wichtig, die Achtung vor dem Gesetz, das Leben ermöglicht, zu wahren.

Ebenso wichtig ist es, seine Gefahren zu erkennen.

Da das Gesetz die Frische und Lebendigkeit, aus der es hervorging, nicht mehr besitzt, tritt es als Gründendes hervor, das über alles bestimmt und alles ausschliesst, was ihm nicht entspricht. Von daher stammt die Härte und Schärfe des ur-teilenden Gesetzes.

Wo Spontaneität und lebendige Bewegungen wieder entstehen, wird das Gesetz als Last empfunden.

Das Gesetz kann sich nicht mehr erinnern, dass es aus der Spontaneität des Anfangs entstanden ist, die es jetzt bekämpft.

Das Gesetz *darf* sich nicht mehr an diese Anfänge erinnern; denn seine Aufgabe besteht darin, zu begründen, zu bewahren und zu schützen.

> Es ist daher
> nur noch Kampf
> zwischen Freiheit und Gesetz
> in der Menschenwelt.
> Muss immer Kampf sein
> und Krieg und Streit?

Die mystische Philosophie meint, dass dies nur eine Phase der Menschheitsgeschichte ist. Dabei wird ihr die Eigenart der ersten Naturgestalt bewusst. Im altehrwürdigen Sprachgebrauch wird dieses Zeitalter das »Reich des Vaters« genannt. In diesem Weltalter wird die Funktion von Härte und Festigkeit gelernt.

Einst aber wird das Gesetz sich auch setzen, zu Boden legen und so dem Leben dienen. Es wird dann die Freiheit ebensowenig stören, wie der Erdboden heute unser Gehen behindert.

Einst wird die Liebe das »Gesetz« sein. Eine Liebe, derer wir gewahr sind. Das ist der Lichtpunkt, der seit dem ersten Traum der ewigen Natur das Geschehen anlockt. Wie lang ist noch der Weg dorthin?

Stellt die erste Naturgestalt die Geburt des komprimierenden, anziehenden Prinzips dar, so ist darin die zweite mitgesetzt. Was sich in sich fasst, zusammenzieht, überschattet sich selbst. Die erste Naturgestalt hat im Augenblick ihrer Geburt die zweite mitgeboren. Keine kann ohne die andere sein. Zunächst sind sie zwar einander fremd, wie Finsternis und Licht. Im Laufe des Prozesses werden sie die Ur-Einheit wieder gewinnen, aus der sie entstanden.

Doch zunächst ist es für sie notwendig, ihre Eigenständigkeit zu erfahren.

12

Zweite Gestalt

Scienz, Ziehen oder Stachel
Trucken Wasser

»Die zweite Gestalt in der Scienz ist der Stachel der
Empfindlichkeit als das Ziehen selber, davon das Fühlen und
die Empfindlichkeit urständet. Denn je mehr sich die Herbigkeit
impresset, je größer wird dieser Stachel als ein Wüter, Tober
und Zerbrecher. Seine Teilung in Gestaltnisse ist diese: als
Bitter, Wehe, Pein, Regen, Anfang des Widerwillens in der
Temperatur, eine Ursache des Geist-Lebens, auch eine Ursache
des Quallens.[16] Ein Vater oder Wurzel des merkurialischen
Lebens in den Lebhaften und Wachsenden, eine Ursache der
fliegenden Sinne, auch eine der erheblichen Freuden im Lichte
und eine Ursache der feindlichen Widerwärtigkeit in der stren-
gen Impression der Härtigkeit, daraus der Streit und Wider-
wille entstehen.«[17]

»2. Trucken[18] Wasser. Aus der Scienz kommt Bewegen,
Schiedlichkeit, Empfinden, Leben: Der Separator aller Dinge,
der Scheider des Reinen und Unreinen; als in der Quinta
Essentia[19] die grobe Erde von der reinen, da aus der reinen
Metalle werden. Welche reine Erde ist ein trucken Wasser des
Mercurii, eine Wurzel zur Luft. Denn es ist das äußere Wort
mit seinem Wieder-Aushauchen, ein Ausgang vom Hauchen
Gottes, daraus die Bewegnis entstehet, der Urstand alles

kreatürlichen Lebens: Nach der Ewigkeit ewig und nach der Zeit zeitlich. Daraus entsprossen nach der Schiedlichkeit unter den Planeten, Mercurius.«[20]

»Das Wort Scienz wird von mir eben also verstanden, gleich man es in der lateinischen Sprache verstehet. Allein ich verstehe darin den wahren Grund nach seinem Sensu, welches in der lateinischen und auch in allen Sprachen in einen Unverstand gekommen ist (...). Ich verstehe mit Scienz eine Wissenschaft oder Erkenntnis. Im Teutschen ist es zwar recht gesprochen, aber nicht ganz ausgesprochen. Scienz ist die Wurzel zum Verstand als zur Sinnlichkeit. Es ist die Wurzel zum Zentrum der Fassung des Nichts in Etwas, als woselbst sich der Wille des Ungrundes in sich zeucht zu einem Zentrum der Infasslichkeit (das ist zu dem Worte), so urständet der wahre Verstand. Er ist in der Schiedlichkeit der Scienz, wo der Wille sich aus der gefassten Kompaktion scheidet. So verstehet man in dem Geschiedenen (da sich die Schiedlichkeit im Wesen fasset) allererst die Essenz. Denn Essenz ist eine wesentliche Kraft, Scienz aber ist eine schwebende, fliegende, gleich den Sinnen. Und ist eben die Wurzel der Sinne. Doch im Verstande, da sie Scienz genannt ist,[21] ist sie die Sinnlichkeit nicht, sondern die Ursache zur Sinnlichkeit (...).«[22]

Meditation

Die Begierde
wurde geboren
aus dem Begehren der Lust
in der dunklen Einsamkeit
der ersten kosmischen Nacht.
Als die Morgendämmerung
anbrach,
wurde
das Leben
seiner Verletzung
gewahr.

Das Gebären bringt stets eine Selbstverletzung mit sich. Indem
er Leben austrägt, verwundet sich der Mutter Schoß. Dies geschah
bereits in der ersten Nacht der Zeit.

Um aus seiner ewigen Einsamkeit auszutreten, hatte das Begehren
geschrien: »Ich will« und aus dieser Verdoppelung »Ich« und
»Will« die Begierde geboren. Alsdann begann das Leben. An
dessen Quell war eine Öffnung, die in der Nacht aufbrach und
den Tag gebar: die Ur-Scheidung des Einen.
Die Öffnung schmerzte, beglückte aber zugleich. Sie beglückte:
Denn nun gab es ein anderes, und dieses andere ist ganz mein,
sagte das Leben in der Morgendämmerung des ersten Tages. Es
waren nunmehr das Ich und ein anderes da. Und das schaffte ein
Äußeres – Raum und Bewegung.
Alsdann geschah das erste Wunder. Das Nicht-Ich, welches das
Begehren in der ersten Nacht des Lebens gezeugt hatte, war die
Unendlichkeit mit ihren Geschwistern Mannigfaltigkeit und Viel-
falt. Über die Erde spannte sich ein Bogen, der sie alle schützte.
Und es entstand das erste Haus des Seins mit der Erde als Boden
und dem Himmel als Dach.

Es wohnten also nun zwischen Himmel und Erde die Begierde mit den Geschwistern Unendlichkeit, Mannigfaltigkeit und Vielfalt.

Das Weltall erschien plötzlich in der Morgenröte von unendlich vielen Welten bevölkert, die sich zugleich als Ich und Nicht-Ich erfuhren.

Ich bin Ich und zugleich das Nicht-Ich der anderen, empfanden sie. Aber sie konnten noch nicht sprechen. Sie sagten nicht einmal »Ich will«. Es sprach nur durch sie.

Eines durfte nicht vergessen werden: das Zwillingspaar Ich und Nicht-Ich war aus dem Ur-Ich des Begehrens hervorgegangen worden.

Und es wurde nicht vergessen. Die Herkunft der Begierde und der Unendlichkeit, der Mannigfaltigkeit und Vielfalt und der vielen Welten mit der Erde unter dem einen Himmel wurden aufbewahrt.

Wo wurden sie aufgehoben? fragt es in uns.

In der »Scienz«, flüstert Jakob Böhme. In der »innersten Natur«, die in uns allen ist. Wer die Scienz versteht, hat auch das *Mysterium Magnum* verstanden.

Wir fangen an, zu begreifen. Und bitten darum, noch tiefer in den Ungrund eindringen zu dürfen.

Der mystische Naturphilosoph drückt dieses Moment der kosmischen Urgenese so aus: In der »Impression«, d.h. in der Zusammenziehung des finsteren Begehrens, das nur sich zum Liebhaben hatte und darum auch nur sich begehren konnte, war das Leben »*In*fassung«, radikal in sich gekehrt. Es erstickte in seinem Innen ohne Außen. Ist ein Innen ohne Außen möglich? Das war in jener frühen Zeit die paradoxe Situation. In dieser Enge wurde es sich selbst zur Pein, zum »Stachel«, der es verletzte und öffnete.

Das war die erste Wunde des Lebens: die Wunde seiner Geburt.

Aus dieser Öffnung wurde ein Zwillingspaar gezogen, das anders war als seine Mutter.

Dieses »Ziehen« nennt Böhme die »Wurzel des merkurialischen Lebens«. Merkurius bedeutet das Expansive, Bewegliche. Da dieses »Ziehen« die Öffnung des Lebensraums in der Evolutionsgeschichte bewirkt, ist mit dem Ursprung des Lebens zugleich der Ursprung der Wissenschaft mit genannt. Jakob Böhme leitet also Scienz zugleich von »Ziehen« und von »scientia« ab.

Das Ziehen im Ur-Ich bewirkte die erste Scheidung. Das Leben ging in unzählige Ichformen auseinander, die alle Ich und Nicht-Ich waren. Sie konnten es nicht aussprechen. Aber sie wussten es, weil sie es selbst waren: Ich und Nicht-Ich.

So entstanden Bestätigung und Bedrohung zugleich.

In diesem Augenblick wurde das Leben empfindsam. Es war noch kein richtiges Fühlen, wohl aber war die Wurzel der Empfindsamkeit gelegt.

Erschien nämlich die erste Gestalt »still und gefasst«, so die zweite heraustretend, deshalb empfindend. In der Gegenüberstellung von Ich und Nicht-Ich öffnete sich der Außenbereich, der die Entstehung des Innen (durch den »Stachel der Empfindlichkeit«) ermöglichte.

Das Lebendige hatte nun außerhalb die Bedingung seiner selbst. Das Sein wurde lebendig, weil es empfand. Empfindend fand das Leben die erste Grundform seiner Gestaltung: Auseinandersetzung.

Aus-einander-Setzung.

Sie wurde in der ersten Nacht der Zeit gezeugt und in der Morgenröte des ersten Tages ans Licht gebracht. Ich setze mich als Ich, schrien die Lebendigen, indem mein Ich sich vom Nicht-Ich unterscheidet.

Die Neugeborenen wussten nicht, dass sie Kinder des einzigen Einen, des Ur-Ichs, waren. Und es war gut so. Denn sie mussten zuerst lernen, richtig Ich zu sein. Dafür hatten sie sich gegeneinander zu behaupten. Milliarden von Jahren hat die Ewige Natur mit ihren Kindern geübt.

Die Bewegung ging von Ich zu Ich: vom Ich, das ich bin, zum Ich, das ich nicht bin. Der Zwischenraum war eng. Es drehte sich alles um die gerade geborene Ichheit, blieb bei sich, kam nicht vor sich. Das Vor-sich-Treten der Ichheit sollte noch kommen und ein neues Weltalter des Urlebens stiften. Noch rotierte sie blind um sich.

Die zweite Naturgestalt erklärte rückwirkend die erste. War das Tiefenphänomen dort die *Festigkeit* des Gesetzes, so ging es jetzt um das Sich-Setzen des Gesetzes. Das Tiefenphänomen dieser Stufe war das *Entstehen*, das Möglichkeit und Sinn des Gesetzes erhellt. Denn nur was entsteht, vermag sich zu setzen. Ein neues Moment kam dadurch zum Vorschein. Was nicht mehr zusammengezogen in sich steht (»Infassung«), sondern als Entstehen lebt, vergeht auch augenscheinlich.

Als die Helle aus der Morgendämmerung ganz durchbrach, standen die Hauptworte des Grundereignisses der ersten Nacht in Himmel und Erde festgeschrieben:

> Im ewigen Spiel
> des Entstehens und Vergehens
> besteht
> des Seins Sinn.

Noch meinte das Leben, es sei nur Begehren und dieses habe einen einzigen Namen: Ich.

Die ewige Natur hat die Erinnerung dieses Moments ihrer Genese real und symbolisch hinterlassen: *in der Pflanzenwelt.*
Die Pflanze entsteht und vergeht. Aber sie tut beides nur in sich.

Die Pflanze hat das Entstehen nicht vor sich. Sie steht gleichsam *im* Entstehen, lebt nicht als Ent-Stehen. Sie hat im Entstehen ihren *Stand*, darum befestigt sich der Baum als Stamm. Das Stammhafte realisiert das Sich-Setzen des Ge-setzes neu: als Verjüngung. Was hier verjüngt wird, ist immer dasselbe: das Stehen im Entstehen. Rotation.

Alles Stammhafte wiederholt die Lebensbewegung, welche die Ewige Natur in der Gestalt des Pflanzlichen niedergeschrieben hat. Diese Bewegung ist die rotatorische. Deren Eigentümliches besteht darin, dass sie abwechselnd das Obere unten und das Untere oben sein lässt, weswegen die Unterscheidung von Oben und Unten als solchem noch nicht besteht. Die Natur rotiert auf dieser Stufe ihrer Selbstentfaltung um sich selbst. Der Baum produziert oben den Samen, aus dem er erneut hervorgeht. So rotierend bliebe die Natur im Umkreis ihrer selbst gefangen. Nun gebiert zwar das Lebensrad selbst die Unterscheidung von Oben und Unten, die einen neuen Umlauf ermöglicht. Aber dies geschieht, wenn der Kreis vor sich tritt.
Was bedeutet, der Kreis tritt vor sich?

Halten wir noch einen Augenblick inne, bevor der nächste Tag in der Geschichte des Urlebens beginnt.

Wir haben vernommen:
Es ist wichtig, die Bedeutung des Gesetzes zu erkennen. Das Leben braucht Boden und Festigkeit, Halt und Kraft. Noch erleben wir Gesetz und Freiheit als Gegensätze. Bedenken wir dabei, dass die ewige Natur es so nicht angelegt hat? Nur um der Freiheit zu dienen, ist das Gesetz da.
Das lehrt uns der Stein.
Es ist jedoch ebenso wichtig, die Bedeutung der Erneuerung des Gesetzes zu erkennen. Das Leben verkümmert, wenn beides nicht gehalten wird: ständige Erneuerung und Treubleiben dem eigenen Stamm.

Das lehrt uns der Baum.

Wir verstehen heute, wie dringend dem Menschen das Erlernen und Verinnerlichen dieser Bedeutungen geworden ist.
Und wir verstehen auch mit Blick auf unsere geschichtliche Situation, was Jakob Böhme damals mit den Worten meinte:

»Die weisen Heiden haben diesen Grund etlichermaßen verstanden, denn sie haben gesaget: In Sale, Sulphure und Mercurio bestünden alle Dinge in dieser Welt. Damit haben sie nicht allein auf die Materia gesehen, sondern auf den Geist, davon die Materia entstehet, denn ihr Grund bestehet nicht im groben Sale, Sulphure und Mercurio, sie meinen das nicht, sondern den Geist solcher Eigenschaften, darinnen besteht alles, was in dieser Welt lebet, wachset und ist, es sei gleich spiritualisch oder materialisch.«[23]

Aus der Geschichte des Urlebens der Natur schreibt sich die Geschichte des Weltgeistes hervor.
Es ist wichtig, dass der Mensch wieder lernt, im Grundbuch der Natur den Geist zu erkennen.
Die Würde des Daseins will sich bewusst in der Weite der kosmischen Gemeinschaft gestalten.
Das bezweckt auch unser tiefenphänomenologisches Meditieren, das wir nun fortsetzen wollen.

13
Dritte Gestalt

Angst

»Nun ist aber die Angst in ihrer Gebärung und Selbst-Eigenschaft zu betrachten (...). Die Angst-Qual wird so verstanden: Die herbe Begierde fasset sich, und zeucht sich in sich und macht sich voll, hart und rauh. So ist das Ziehen ein Feind der Härte. Die Härte ist haltend und das Ziehen ist fliehend. Eins will in sich und das Andere will außer sich. So es aber nicht voneinander weichen oder sich trennen kann, so wird es ineinander gleich einem drehenden Rade: Eins will über sich, das Andere unter sich. Denn die Härte gibt Wesen und Gewicht und der Stachel gibt Geist und das fliehende Leben. Dies dreht sich miteinander in sich und aus sich und kann doch nirgends hin. Was die Begierde, als der Magnet, hart macht, das zerbricht das Ziehen wieder und ist die größte Unruhe in sich selber, gleich einer wütenden Unsinnigkeit und ist in sich eine schreckliche Angst und wird allhier doch noch kein recht Fühlen verstanden bis zum Feuer; und bescheide den rechtverständigen Naturkundigen allhier, was das sei oder bedeute. Er mag sich besinnen, in seinem natürlichen Wissen wird ers finden.«[24]

»3. Element Feuer. Aus der Angst kommt nach der Essenz[25] Qual, Pein, Gemüt, Sinne, alle fünf Sinne und nach dem Wesen kommt Sulphur oder Schwefel. Nach der Bewegnis kommt des Feuers Anzündung. Nach dem Geist kommt Seele, als nämlich nach dem Ewigen ewig und nach der Zeit animalisch als eine siderische Seele. Und wird der Spiritus Mundi[26] in der fünften Essenz hierinnen verstanden unter dem Planeten Mars und unter den sieben Eigenschaften Grimm, Zorn, vom Mercurio giftig, vom Saturno stark. Außer dem Lichte die Hölle und im Lichte die Freude.«[27]

Meditation

Es waltete Genugtuung
am ersten Tag
der Ewigkeit.
Die Helle zeigte
des Lebens erstes Paar.
Es war die Härte
und es war auch
das Weiche da.
Jedes tat
das seine.
Die Härte
wollte nur
zu sich ziehen.
Das Anziehende
nannte sie sich.
Das Weiche
wollte nur
außer sich gehen.
Es nannte sich
das Expandierende.
Und so spielten sie
auch miteinander
den ganzen ersten Tag.

Das Anziehende zog.
Das Expandierende floh.
Das Anziehende
zog das Expandierende
zusammen.
Und das Expandierende
entwich
der Zusammenziehung.
Und das Anziehende
zog
das Fliehende
hinunter.
Und das Expandierende
floh erneut
hinauf.

So spielten sie
den ganzen ersten Tag.
Das Anziehende
zog nach unten
und stellte sich
oben.
Das Expandierende
floh
nach oben
und drehte alles
wieder um.
Das Untere
zwang sich
hinauf
und das Obere
wurde nach unten gedrängt.
Dann musste
das Obere nach oben

und das Untere
wurde wieder
nach unten verdrängt.

Das Obere
nach unten
und das Untere
nach oben.
So drehte sich
den ganzen Tag
das erste Lebensrad.

Als es nun
Abend wurde
und darauf
dann auch Nacht,
wurde
das Spiel
immer enger.
Es entstand
Unruhe
und aus der Unruhe
Angst.

Das Untere
oben
und das Obere
unten.
Widerwärtig!
Immer dasselbe
die ganze Nacht.
Es wurde beängstigend
in seiner Enge
das Lebensrad.

Plötzlich
hallte ein Schrei
aus der Mitte des Rads.
War das ein Kind?
Mit der Morgendämmerung
kam auch die Helle.
Ja, da war
herrlich und beweglich
ein neues Wesen.
Und ein neuer Tag.
Das Leben lachte.
Es hatte also geboren
die liebe Angst.

Die ewige Natur hat die Erinnerung an diesen Traum ihrer zweiten Nacht als geistige und leibliche Realität in der Gestalt des *Tierischen* hinterlassen. Es geht aus dem Pflanzlichen mit Notwendigkeit hervor.

Das Bild des Baumes, dessen Leben sich darin erschöpft, den dunklen Grund seines Entstehens immer wieder neu zu erzeugen, zeigte, dass die verneinende Kraft danach strebt, nach oben aufzusteigen, und deshalb immer wieder nach unten verdrängt werden musste. Dadurch erfüllte sie ihre Aufgabe, die darin bestand, der Gestalt Festigkeit zu geben, indem sie das Expandierende einschränkte. Das bewirkte das oben bemerkte glückliche Rotieren, das von sich aus keiner Steigerung fähig war.

Das Ziel wurde schon hier – im Traum der ewigen Natur – gespürt, noch bevor die Zeit begann: das Glück der Identität von Egoität und Expansivität. Aber dies musste die Natur unterwegs zu einem noch höheren Ziel, der Identität von Individuum und Ganzem, schmerzhaft lernen.

Die Freiheit, die sich in der Natur sucht, spürt nun erstmalig ihre Fesselung und beginnt nach Befreiung zu drängen. Die Kräfte müssen einsehen, dass sie sich gegenseitig ermöglichen und ergänzen. Nur in der Begrenzung kann das Unbegrenzte sein, ebenso wie die Begrenzung dem Unbegrenzten ihr Wesen verdankt.

Da sie dies aber noch nicht erkennen konnten, versuchten sie zuerst nur sich gegenseitig zu behaupten. Je stärker das Anziehende zog, um so nachhaltiger versuchte das Expandierende zu fliehen. Das eine wollte in sich, das andere über sich. Da sie sich wiederum gegenseitig brauchten, entstand eine Unruhe, die immer enger wurde.

Die Verstärkung der zusammenziehenden Kraft steigerte eben dadurch den Ausdehnungsdrang. So entstand eine neue Form der »Umschließung«, die durch eine breitere Räumlichkeit und größere Beweglichkeit charakterisiert war. Das Lebendige – das Tier – stand nicht mehr nur, wie der Baum, in sich. Es war nicht nur bei sich. Es trat *vor* sich. Darum war es auch *um* sich. So entstanden Umkreis, Umgebung, Umwelt.

Die Entstehung des *Um* ist das Tiefenphänomen dieser Naturstufe. Wir kennen es: jede Tierart hat ihr Revier.

Der Baum *empfängt* die Lebensbedingungen: Erde, Luft, Regen, Sonne.

Und er lebt friedlich.

Das Tier muss sie *suchen*. Das Leben setzt sich am zweiten Tag seiner Urgeschichte erstmalig dem Schicksal der *Findung* aus.

Und davor hat es Angst.

Angst leitet sich von *angustia* (Enge) ab. Die Enge des ewigen Rotierens des pflanzlichen Daseins verursachte eine Explosion – eine neue Geburt. Umkreis, Umgebung entstanden. Damit aber auch Ausgesetztheit, Ungewissheit, Gefahr.

Von jetzt an empfindet das Leben nicht nur. Es fühlt auch.

In dem Augenblick, in dem Leben nicht mehr nur gegeben, sondern durch die Ausgesetztheit zur Aufgabe wird, öffnet sich eine neue Begegnungsform. Das Lebendige fühlt und leidet. Und zeigt sein Leiden.

Das tierische Schreien – selbst dort, wo es sich als fröhliches Singen äußert – drückt die Angst vor der Ausgesetztheit und den Schmerz des Lebens auf dieser Stufe seines Entwicklungsprozesses aus.

Das Sprechen der Natur ist jetzt weder das majestätische Donnern des Himmels noch das sanfte Rauschen der Bäume, durch das der Wind seine Botschaft flüstert. Es schreit ein *wildes, reines Sein-Wollen*, das den Aufgang der Individualität ankündigt.

14
Vierte Gestalt

Feuer

»Die vierte Gestalt in der Scienz aus dem einigen Willen
ist nun des Feuers Anzündung, da sich Licht und Finsternis
scheiden, ein jedes in ein Prinzip, denn allhie ist des Lichtes
Urstand und der rechten Scheidung zwischen der Angst und
der Freude. Und dies geschieht so.«[28]

»Die Freiheit als das Nichts hat in sich selber kein Wesen,
sondern die Impression der ersten Begierde macht das erste
Wesen, das nimmt der Willen-Geist der Freiheit, der sich
durch die Natur der Begierde offenbaret, in sich und führets
durchs Feuer aus, da dann im Feuer die Grobheit als die
Rauhigkeit erstirbet. Das heißt also:

Wenn der Blitz des Feuers die finstere Wesenheit[29] er-
reichet, so ists ein großer Schreck, davon das kalte Feuer
erschreckt und gleich wie erstirbet, ohnmächtig wird und unter
sich sinket. Und dieser Schreck geschieht in der Anzündung
des Feuers im Wesen der Angst. Der hat zwei Eigenschaften
in sich: die eine gehet unter sich in die Todes-Eigenschaft als
eine Ertötung des kalten Feuers, davon das Wasser und nach
der Grobheit[30] die Erde entstanden sind, und der andere Teil
gehet im Willen der Freiheit in der Luft, als ein Schreck des
Freudenreichs über sich. So ist dasselbe Wesen im Schreck
auch im Feuer getötet, verstehet des kalten Feuers Eigenschaft,
und gibt auch einen Wasser-Quell, verstehet solche Eigenschaft.

Nun macht aber der Blitz, wenn er sich von der Freiheit und vom kalten Feuer anzündet, in seiner Aufgehung ein Kreuz mit Umfassung aller Eigenschaften, denn allhie urständet der Geist im Wesen und der steht so: ⊕ Hast du allhie Verstand, so darfst du nicht mehr fragen, es ist Ewigkeit und Zeit: Gott in Liebe und Zorn, dazu Himmel und Hölle. Das Untere-Teil also ⊖ ist das erste Prinzip und ist die ewige Natur im Zorn als dem Reich der Finsternis in sich selber wohnend, und das Obere-Teil (mit dieser ⚊ Figur) ist der Salniter[31], das obere Kreuz überm Zirkel ist das Reich der Glorie, welches im Schreck des Freudenreichs, in dem Willen der freien Luft, in sich aus dem Feuer im Licht-Glanze, in Kraft der Freiheit ausgehet. Und dasselbe Geist-Wasser, das im Schrecke des Freudenreichs mit aufgehet, ist der freien Lust Leiblichkeit oder Wesenheit, in welchem der Glanz vom Feuer und Licht eine Tinctur[32] machte, als ein Grünen und Wachsen und eine Offenbarung vom Feuer und Licht.«[33]

»4. Element: Luft-Welt. Aus Begierde kommt Natur und Wesen, wie oben gemeldet. Aus Scienz kommt empfindliches Leben, das Wirken, Wachsen und Gebären. Aus Angst kommt Feuer und das verständliche[34] Leben. Aus Feuer kommt Luft als die Bewegnis und das Wallen oder Wollen der Scienz. Aus Luft kommt das nasse Wasser. Aus nassem Wasser kommt das tödliche vergängliche Wesen in den Elementen, unter den Planeten die Sonne.«[35]

Meditation

Die Jungfrau Natur hatte unendliche Zeit in langem, tiefem Schlaf von ihrem Wunsch geträumt, auf der hellen Weite des Alls frei zu gehen, fröhlich zu tanzen, glücklich zu spielen. Zuerst hatte sie es ganz allein versucht.

154

Ganz für sich
wollte sie sein,
die scheue Jungfrau.
Allein gehen,
allein tanzen,
allein spielen.
Und nach vielen
Millionen von Jahren
war sie es auch
geworden:
Einsamkeit!
Sie war
ein Spiel ohne Spieler,
ein Tanz ohne Fläche,
ein Gang ohne Boden.
Sie war nur
Wollen.
Sie hatte sich
vermehrt,
doch überall
war sie
die gleiche geblieben.
Das Wollen,
welches nur will.
und darum
Begierde hieß.

Seit Ewigkeiten wollte leben und spielen und gehen die Jungfrau
Natur. Als sie sich in einsame Begierde verwandelt sah, sagte sie
zu sich: Ich muss heraus aus dieser Enge.

Und sie versuchte,
aus ihrer Enge
zu entfliehen.
Aber sie fand
keinen Ausweg.
Denn das Sein
ohne Leben
war nur eng.

Doch die Jungfrau wollte spielen. Unbedingt! Von ihrem eigenen
Wollen wurde sie schwanger, schwoll an und aus der Enge entstand
die erste Zelle. Ein Oben und ein Unten gab es jetzt.

Die schwangere Jungfrau
spielte nun fröhlich
in ihrem ewigen Traum.
Von unten nach oben
und von oben nach unten
drehte sich das Lebensrad.

Milliarden von Jahren drehte es sich. Einmal war es Kampf, einmal
Frieden in der langen Zeit dieser Nacht. Doch die ewige Drehung
erweckte das Bedürfnis nach mehr Bewegung. Sie wollte sich
nicht nur drehen, – laufen können wollte die Jungfrau nun! Eine
unerträgliche Spannung entstand. Gegen Ende der Nacht löste sich
ein langer Schrei aus der Mitte des Lebensrades:

Aaaaach!
Mit der Morgendämmerung
wurde die Jungfrau
wach.
Sie sah,

dass ihr Traum
Wirklichkeit
gewesen war.
Nun
war alles
 wieder da.
Du bist
Mutter geworden,
sagte der Ungrund,
als die Jungfrau
Natur
in der Ewigkeit
das Leben gebar.

Die vierte Naturgestalt eröffnet den Sinn der bisherigen Genese. Von Anfang an suchte sich die Freiheit im Naturgeschehen. Freiheit in Licht und Freude: Das ist der Sinn. Aber es musste der Rahmen geschaffen werden, damit das Wesen entstehen konnte, welches das Ganze zum Klang des Wortes, zur Helle des Lichtes und zur Wärme der Liebe erheben sollte.

Die Schöpfung war vollendet, der erste Schritt getan:

Erde –
das Untere, Haltende
Wasser –
das Mittlere, Gebärende
Luft –
das Obere, Öffnende
Feuer –
das Verbindende und Pflegende,
Wärmende und Erhellende.

Das ist der Mensch.

Während Jakob Böhme die zeitlichen Merkmale der früheren Gestalten des Geburtsprozesses der ewigen Natur nur verschlüsselt andeutet, spricht er bei der vierten Gestalt offen: Wir befinden uns im Bereich des Menschen.

Was ist der Mensch? Ein Riss in der Natur, durch den die von Anfang an tätige, aber noch schlummernde Freiheit durchbricht.
Nicht etwa eine neue Phase beginnt dadurch, sondern »*die ganze Geburt ist also*«.
Durch den Menschen wird die Natur wie vom Blitz getroffen.
Das Licht des Bewusstseins wird gezündet, der Prozess sprechend.
Es öffnet sich der Sinn.
Das Wort spricht: Ab jetzt kann nur mit *gefundenem und erfülltem Sinn* gelebt werden.
Wo kann der Sinn gefunden werden? fragst du.
Antwort: Im Grundbuch der Natur, geschrieben in der ewigen Zeit ihres Träumens.

Jakob Böhme erzählt an einer Stelle beeindruckend dieses Moment des Evolutionsprozesses:

»Wenn der Blitz oder Schreck aufgehet, so ists im Punkt und machet im Blicke einen Dreiangel ⅄ oder ein ⊕ Kreuz. Und dies ist die rechte Deutung des Charakters: ♄ Jst erstlich die Schärfe (al. der Schöpfer) aller Dinge und der geoffenbarte Gott in Dreifaltigkeit (...). Nicht, dass etwa ein Ort wäre, da eine solche Figur stünde: Nein, sondern die ganze Geburt ist also: Wo sich das göttliche Feuer in etwas offenbaret, so macht es in seiner Anzündung einen Dreiangel, welches den Menschen-Kindern wohl zu merken ist, wie sich das Leben also auch in einem Dreiangel anzünde, bedeutet die Hl. Dreifaltigkeit. Und weil des Lebens Licht ist in dem Worte der Gottheit gewesen, welches dem Menschen eingeblasen ward, (wie Joh. im 1. Kap. sagt) und aber im Paradies an Gott verblichen; so hat es müssen am T wieder geboren werden. Erklärung des obigen Charakters: Das oberste Kreuz bedeutet, das ungeformte Wort in Dreifaltigkeit, außer aller Natur, und stehet der Charakter also ⅄ und dieser Charakter bedeutet das geformte Wort ♁ als die englische Welt.[36] Dass aber der Dreiangel mit den drei geraden Spitzen in einen solchen T sich hat verwandelt, da der Tod daran erwürget ward, deutet uns an die große Liebe Gottes aus dem Dreiangel, die sich in unsere Menschheit wieder hat versenket, als wir vom Dreiangel ins Lebens Licht waren abgewichen.«[37]

Das Herz der ewigen Natur spricht sich aus.
Der Sinn ist: Selbstgenuß der Freiheit im hellen Licht der endlichen Gestalt.
Aber zum Wesen des Sinnes gehört, dass er gelernt werden muss.

Während bisher die Geschöpfe nach den Regeln des Naturgesetzes notwendig, wie in der Welt der Minerale und der Pflanzen, beziehungsweise instinktiv, wie in der Tierwelt, handelten, muss in der menschlichen Welt das Leben bewusst und frei nachvollzogen werden. So soll das unendliche, undurchdringliche Geheimnis klare endliche Gestalt werden.

> Denn nur
> durch die Endlichkeit
> vermag das Unendliche
> unendlich zu sein.

Damit dies gelernt werden könne, muss der Sinn erhöht und hochgehalten werden. Er soll jedoch nicht bloße Idee bleiben, sondern Leib werden und wieder wie die Wurzel von unten nach oben wirkend alles beleben und verklären.

Das Zeichen des Zeitalters des Menschen ist:

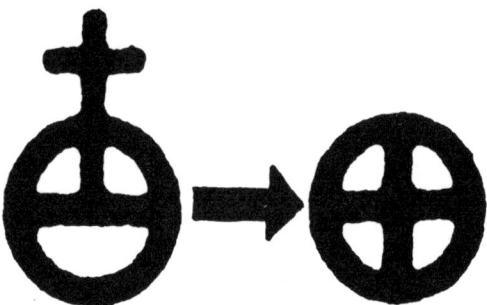

Der Sinn dessen, was unten (*Erde, Leib*) geschieht, musste zunächst erhöht (*Geist, Idee*) werden. Erst dadurch kann er eingeholt und einverleibt werden.

Die Einverleibung des Sinnes setzt dessen Entfremdung voraus. So durfte der Sinn nicht nur theoretische Idee bleiben; er musste fleischliche Gestalt werden.

Das ist die naturgeschichtliche Bedeutung Christi. Die Gestalt des Gott-Menschen liegt hinter uns als Idee, aber noch vor uns als Realität:

> Gott muss werden,
> was er ist:
> die Wirklichkeit des Menschen.
> Mensch muss werden,
> was er ist:
> die Wirklichkeit der Natur.
> Natur muss werden,
> was sie ist:
> der Traum der Freiheit.

Das böhmesche Bild verdeutlicht den Gedanken vortrefflich. Das Kreuz innerhalb des Zirkels ⊕ ist »die rechte Deutung des Charakters« ♁ , die aber nur im Blitz ⅄ des Lebens aufgeht.

Die erste Figur (die leibgewordene Freiheit) ist Ursprung, darum

Sinn und Ziel des Naturprozesses. Dahin kommt dieser durch die zweite Figur, d.h. dadurch, dass die Freiheit – als das Höhere auftretend – als Idee sich darstellt und so der Natur ihr wahres Gesicht (Idea heißt ursprünglich Gesicht) wie in einem Spiegel zeigt.

> Als Idee
> in der reinen Welt
> der Engel
> verwandelt sich
> die Mutter Natur,
> die erste Göttin,
> in die Lehrmeisterin
> ihrer selbst.

Wie das Obere das Eigene des Unteren ist, kann und muss dieses jenes zu sich ziehen. Das höhere Kreuz ist Spiegel, Bild, die Wahrheit dessen, was im Innen des Unteren geschieht, und zugleich Symbol der werdenden Einheit.
Die Einheit soll werden. Darum sind beide zunächst in einem Spannungsverhältnis aufeinander bezogen als die zwei Seiten der sich gebärenden Freiheit. Sie vermochten sich bislang nur im Streit zu offenbaren. Einst wird sich jedoch die Geisterwelt mit ihrem Leib vermählen und aus ♁ ⊕ werden.

> Das Liebe-Spiel,
> das die erste Jungfrau
> auf ihrem heiligen Lager
> die ganze ewige Nacht
> hervorträumte,
> gebar
> mit tiefem Schmerz
> und großer Freude
> die Wirklichkeit der Welt.

Geschichte ist die leidvolle, langsame Verwirklichung dieser erhabenen mystischen Vision.

An welchem Punkt befindet sich das Geschehen?

Jesus wurde getötet, weil er mit der Reinheit seiner Gestalt zeigte: Gott ist Mensch geworden.

Jakob Böhme wurde verspottet und verfolgt, weil er daran erinnerte: Der Himmel ist nicht irgendwo an einem unerreichbaren Ort; der Himmel ist in euch. Dein Himmel bist du selbst. Du musst dich nur richtig sehen.

Immer wieder wurde daran erinnert, dass der Sinn nicht fertig liegt, sondern durch uns, mit uns und in uns geschehen muss.

Das Geheimnis, das dieses Geschehen umhüllt und durchdringt, nennen wir Gott. Wenn Gott Mensch wird, wird der Mensch zum Tempel des Höchsten.

Doch wie in der Urzeit der dritten Naturgestalt, als das Leben sich erstmals als Freiheit verspürte und vor seiner eigenen Größe erschrak, ängstigen wir uns immer noch vor dem hohen Wert unseres Daseins und erhöhen den Sinn in eine imaginäre Welt, die uns erdrückt. Die schöne ideale »englische« Welt verwandelt sich dann in Vernunft und Kategorien, in eine Unmenge von Gesetzen und Vorschriften, die das Göttliche und das Menschliche zur Karikatur werden lassen.

        Es gibt eine Art,
        sich klein zu nehmen,
        die ganz klein ist.
        So etwa,
        wenn der Mensch
        nur Vernunft
        sein will.

        Es gibt eine Art,
        klein zu sein,

die ganz groß ist.
So etwa,
wenn der Mensch entdeckt,
dass sein Wesen
göttlich ist.

Alsdann erst
versteht er,
was es bedeutet,
dass Gott
aus Geist und Maria
in einem Stall
geboren ist.

Heißt Geist
das rein Männliche
und Jungfrau
das Weibliche rein,
dann möge dieser Gott
für immer
bei uns sein.

Durch das Leben wird das Sein konkret. Menschsein bedeutet, den Sinn des Minerals, des Pflanzlichen, des Tierischen, des Geistigen und des Göttlichen zu offenbaren, in Schönheit zu gestalten.
Zu dieser großen Bestimmung seines Wesens ist der Mensch unterwegs.
Wir wollen lernen, Mensch zu werden.
Das tiefenphänomenologische Meditieren ist eine ausgezeichnete Übung dazu.
Schließen wir wieder die Augen, um die Erhabenheit des weiteren Verlaufs der böhmeschen Vision in uns aufgehen zu lassen.

Mit dem Menschen durchwandert die ewige Natur ihren Geburtsprozess in neuer Form. Die Spitze des Prozesses wird dort erreicht, wo die Freiheit – durch das Licht und die Liebe hindurchgehend – als das Nichts des Anfangs (Ungrund) verklärt erscheint.

Die Finsternis des Ungrundes will nunmehr dem Licht dienen.

Die folgenden Naturgestalten stellen die Stufen des Hervorgangs des Menschen als das Hervortreten jener Freiheit dar, die in allen Naturgebilden bislang schlummernd waltete.
Der Mensch ist der Diener der Natur und der Freiheit, der Mittler, der den Glanz der Gottheit in allen Wesen aufscheinen lassen soll.

So stellt sich dem Philosophus Teutonicus die Geschichte des Menschlichen als Werdeprozess einer Gestalt dar, die das Weibliche und das Männliche, das Weiche und das Kräftige als sich ergänzende und erfüllende Erscheinungsformen desselben erscheinen und so zur göttlichen Einheit – Leib, Liebe, Leben – werden lässt.

15
Fünfte Gestalt

Licht, Liebe

»Die fünfte Eigenschaft in solcher Anzündung des aus-
geflossenen Willens ist nun die Empfindlichkeit der Einheit
Gottes als die Liebe, welche im Feuer beweglich und be-
gierlich wird und machet im Feuer (als in der Peinlichkeit1)
ein ander Prinzip, ein großes Liebe-Feuer. Denn dieses ist
die Ursache und der Grund des Lichtes, so dass in der
Feuer-Essenz das Licht entspringet; es ist der Liebe Kraft
im Lichte, denn so führet sich die Einheit in Bewegnis und
Empfindlichkeit ein, auf dass die ewige Kraft empfindlich
und ein Wollen, Begierde und Schiedlichkeit darinnen sei,
sonst wäre die Einheit eine ewige Stille und unempfindlich.
Diese Liebe und dieses Licht wohnen im Feuer und durchdringen das Feuer, dass des Feuers Essenz in das höchste
Freudenreich gewandelt und kein Grimm mehr erkannt wird,
sondern ein lauterlicher2 Liebe-Geschmack göttlicher Empfindlichkeit. Dann also überinflammieret sich die ewige
Einheit, dass sie eine Liebe sei und dass etwas sei, das zu
lieben sei. Denn so die Liebe der Einheit nicht in feuerbren-
nender Art stünde, so wäre sie nicht wirklich und wäre keine
Freude oder Bewegnis in der Einheit.

So verstehet man nun in der Feuers-Essenz Gottes Zorn;
und in der Liebe Empfindlichkeit als in der empfindlichen
Einheit, das göttliche Liebe-Feuer. Die machen zwei Zentren

in einem Grund, als zweierlei Feuer: 1) Das Zorn-Feuer (...) ist ein Grund der ewigen Natur (...) als ein Gegenwurf der Inwendigkeit. 2) Und das Zentrum der Liebe ist das Ja als das feuerflammende Hauchen (...), das Fundament der Kraft, darinnen wird der wahre hl. Geist verstanden, in dem Ausflusse des Liebe-Hauchens, als die Bewegnis oder das Leben der Liebe.«[3]

»5. Licht, Liebe-Feuer. Der Wille des Ungrundes, als Gottes Wille, führet sich durch alle Gestalten bis in des Feuers Anzündung und nimmt also nach der Natur an sich natürliche[4] Eigenschaften und führet sich durchs Feuer als durch verzehrliche Qual der Eigenschaften im Lichte aus. Und wohnet nach väterlicher (natürlicher) Eigenschaft im Lichte. Nicht zu verstehen, dass man Gott in sich selber natürlich machen wollte, sondern den Willen im Worte, der doch auch Gott ist nach seiner Offenbarung. Im Lichte ist der Wille ein natürliches Liebe-Feuer. Danach urständet in dem äußeren Wesen der Welt aus dem feuerischen Wasser eine andere Erde, die ist Silber, Gold und alle Metalle, alle und jede Eigenschaft derselben nach den sieben Eigenschaften der Natur. Der Blick des Feuers, daraus das Licht offenbar wird, ist ein Schreck des salnitrischen Urstandes, da sich der Geist über sich scheidet; und inmitten das Öl als ein wesentliches Licht-Feuer; und unter sich ein geistliches Wasser als der Tinctur-Corpus. Die Kraft von Feuer und Licht ist die Tinctur und urständet vom Wort, welches sich hat in Natur eingeführet. Unter den Planeten, Venus.«[5]

Meditation

Wir erinnern uns: Im Alter von 25 Jahren hatte Jakob Böhme ein Grunderlebnis, das sein Leben veränderte. Er sah, wie das Licht das Metall umhüllte und durchdrang. Das Metall war Licht. Nun erhielt er Antwort auf die Frage, die ihn bis dahin gequält hatte: Warum gibt es Leiden und Schmerz in der Natur- und Menschheitsgeschichte? Warum siegt das Böse über das Gute?

Die bisherige Geschichte – von einer »Tag- und Nacht-Länge« – war nur ein böser Traum, in dem die Geschöpfe die Ordnung und den Sinn lernen mussten: Die Finsternis und die Kälte sind da, damit das Licht und die Wärme wirken können, das Nein ist da, um dem Ja Substanz zu geben, die Nacht ist da, damit sich der Tag erholen möge; der Zorn muss unten bleiben, damit die Freude das Spiel des Lebens durchdringe.

Die Geschöpfe lernen jedoch, wie es sein *muss*, wenn sie einmal erfahren, wie es *nicht sein darf*.

Und sie lernten.

Sie lernten in einer Nacht, die Millionen von Jahren währte, wie Unordnung wuchert. Es war ein Alptraum, der zu Ende ging, als die Unordnung an ihrer eigenen Unmöglichkeit zerbrach.

Die Jungfrau liebte sich den ganzen Tag. Müde legte sie sich am Abend nieder. Gleich schlief sie ein und träumte in jener zweiten Nacht, die wieder viele Millionen Jahre dauerte, das wahre Leben hervor.

> Das Leben,
> das lieben wollte,
> verwandelte sich
> in Lust.

Und die Lust schaffte einen Raum, wo sie spielen konnte. Er war lang und weit, hoch und tief. Er glänzte, war zugleich weich und hart, mit Gold, Silber und schönsten Perlen geschmückt. Er wurde *All* genannt.

Und die Lust
verwandelte sich
in Finsternis.
Und aus der Finsternis
erschien das Licht.
Und das Licht
entwarf den Schatten.
Und der Schatten
schaute auf das Licht.
Und das Licht
umgab
den Schatten.
Und die Finsternis
liebte
das Licht.
Zart
sahen sie
einander an.
Und diese Sicht
gebar
das Auge
und die Helle
und die Wärme
und die Geborgenheit
und die Zärtlichkeit
und die Ruhe
des Schlafs.

Das Leben konnte spielen.
Die Liebe konnte leben.

Und das Leben
verwandelte sich wieder
in Lust.

Und das Leben sagte zur Lust: Geh' schnell, versteck dich in der Finsternis. Sie tat es und hieß Begierde. Nun, meinte die Lust, möchte ich hinaus. Gut, geh dorthin, sagte das Leben und lächelte ihr zu.

Und die Lust
ging fröhlich
nach außen
und gebar.
Wunderbar
stand nun auch
die Weite
da.

Das Leben konnte spielen.
Die Liebe konnte leben.

Und das Leben sagte zur Lust: Geh wieder hinaus auf den Tanzplatz, dreh dich ganz schnell und sing dabei das Lied des Neins.

Und die Lust
ging wieder
auf den Weltallplatz
und drehte sich
ganz schnell:
Nein, nein, nein!
sang sie kräftig dabei.
Und sie rieb
und rieb
und rieb
an sich.
Und dieses Reiben
entließ
das Feuer
aus sich.

Das Leben freute sich sehr über das Feuer, das die Lust geboren hatte. Da kam aber die Lust herbeigeeilt und sagte zum Leben: Das Feuer möchte atmen, sonst erstickt es in sich. Und das Leben verstand und hauchte zart dem Feuer zu. Und das Feuer begann zu tanzen. Und das Leben sah gern den Tanz des Feuers mit der Luft. Und beim Zusehen wurde es ganz weich. Und diese Weichheit gebar das Wasser. Und Leben und Lust freuten sich über das Wasser. Es möchte auch spielen, dachte das Leben. Komm, spiel auf dem Weltallplatz!

Und das Wasser
trat hinaus
und erfüllte
den Platz.
Und es gefiel
dem Feuer,
das dem Wasser
zusah.
Und das Wasser
überdeckte das Feuer
und kühlte es ab.
Und das Feuer
berührte das Wasser
und machte es warm.
Es war herrlich
das Hin und Her,
das in dieser Weise geschah.
Schau,
staunte das Leben,
wie schön
bewegt sich die Luft.
Ja,
es ist wunderbar,

meinte auch die Lust.
Es war
tatsächlich schön
anzusehen
das Spiel des Feuers
und des Wassers
mit der Luft.

Als die Elemente, die zum Liebe-Spiel nötig waren, sich als Gestalten desselben erkannten und jedes sich in allen anderen wiedersah, war die Freude des Lebens so groß, dass es in Ekstase geriet.
Diese Ekstase sprach sich zart und leise aus.
Es war ein feuerflammendes Liebe-Hauchen.
Aus diesem Hauchen entstand das Wort.

16
Sechste Gestalt

Schall, Hall, Wort

»Diese fünf Eigenschaften machen nun in der Liebe-Begierde, als in der fünften Gestalt zusammen die sechste, das ist der Ton-der-Stimme als eine Offenbarung aller Gestalten in des Geistes Eigenschaft, welche die feurische Licht-Begierde mit dem Geist-Wasser umschleußt, als ein einiges Wesen (...).«[6]

»6. Schall. Der Schall ist das ausgewirkte, natürliche[7] Wort aus beiden inneren Prinzipien: ein Leben der Sensuum,[8] ein wesentliches Wort aus dem Feuer durchs Licht, eine Freude des Lebens. Eine Kraft aller Leben, auch der Metalle, und der Erde Kraft. Im Leben des Verstandes, ein Finder und Empfinder göttlicher Eigenschaft. Unter den Planeten, Jupiter.«[9]

Meditation

Das Licht fürchtete nicht mehr die Finsternis. Es ging in sie hinein und verklärte sie. Und die verklärte Finsternis entdeckte sich als umgekehrtes Licht.
Die Liebe scheute sich nicht mehr vor der Enge. Und die Enge barg und diente der Weite.
Das Ja erkannte im Nein seine Bedingung; denn es war gesetzt worden, damit etwas zu bejahen sei. Und das Nein sah im Ja die

Erfüllung seiner Sehnsucht; denn das Nein wollte vom Ja angenommen werden. Also liebte das Ja das Nein und das Nein das
Ja. Hatten sie doch beide dasselbe Blut in den Adern!
Alsdann erschien auch die Begierde der ersten Naturgestalt. Aber
sie war verwandelt. Sie hatte ihre wahre Natur erkannt. Sie wurde
nun *Liebe-Begierde* genannt.

Alle Gestalten entdeckten die gemeinsame Wurzel. Das Ursprüngliche war weder das Verneinende noch das Bejahende, weder die
Einheit noch die Vielheit, sondern die Liebe war der Quell. Es
wurde wahr: Wenn die Liebe frei wird, liebt sich das Eine in
allen.

> Und das Eine freute sich
> in den Vielen.
> Und die Vielen waren zugleich
> das Eine.
> Und in jedem
> lebte alles.
> Und jedes
> fand sich
> in jedem wieder.
> Und die Freude
> der einen Liebe,
> die in allem lebte,
> sprach sich
> in jedem Geschöpf aus.
> Sie sang:
> *Einklang, Einklang, Einklang!*

So wurde der Sinn hervorgesungen. Die Geschöpfe waren Stimmen
der einen göttlichen Symphonie, welche das Weltall erfüllte.
OooH! hauchte es aus der kosmischen Ekstase.

Das wahre Leben hatte nach vielen Millionen Jahren endlich begonnen. Es war Musik, die aus den zarten Bewegungen des Liebe-Spiels hervorklang und Himmel und Erde, Zeit und Ewigkeit mit der Wonne des Selbstgenusses streichelte.

Die sechste Eigenschaft hieß demnach *Ton-der-Stimme*.
Jakob Böhme versteht das Wort im Sinne seiner Natursprache. Die äußere Gestalt des Wortes offenbart den inneren Sinn. Das Wort t-O-n ist vom O (das ⊕ der vierten Naturgestalt) zu hören. Es stellt auch die physikalische Struktur des Tönens dar. Der Ton entsteht durch »Pochen« und bildet eine konzentrische Bewegung, durch die er sich öffnet und in die er sich zurückzieht. So sind die Geschöpfe nichts an sich, doch stellen sie jeweils eine Besonderheit dar. Aber diese Besonderheit ist nicht ihr Eigentum, sondern die Weise, wie sich das Eine hinaussingt und melodisch gestaltet. Ihr Wesen besteht darin, eigenartig »Schall« aller anderen zu sein. Die Geschöpfe sind Stimmen der Philharmonie des Weltalls. Das All besteht aus Welten. Die Welten sind Stimmen, die sich wiederum aus unzähligen Stimmen gestalten. Jede Stimme ist Echo aller anderen Stimmen. Durch die anderen Stimmen wird jede Stimme erst zur Stimme. Das Wesen jeder Stimme ist Mit-Stimme zu sein. Als Mit-Stimme ist die Stimme der Ort, an dem sich das einzige Eine als Liebessymphonie hervorzusingen vermag.
Nur so ist Sein Leben, und Leben Liebes-Spiel. Das Spiel dieser Liebe ruft das Entzücken des kosmischen Einklangs hervor.

Die endgültige Wandlung ist geschehen. Die Angst, die das Kreuz über dem Lebenskreis verursachte, hat sich in die Freude der Vollendung der Lebensfülle verwandelt. Denn der Sinn ist jetzt die Freude des schlichten Daseins. Die Freude erfüllt das Außen, weil sie das Innerste des Innen ausmacht.
Aus ♁ ist ⊕ geworden.

In diesem Augenblick, erläutert der Teutonicus, wurde der Sinn des Menschlichen im Ganzen der Naturgeschichte offenbar:

»Die sechste Gestalt ist der lebendige, göttliche, kreatürliche, menschliche Merkurius. Und ist der Schall des göttlichen Worts aus den göttlichen Kräften, welcher sich in der Liebe-Begierde formet und in ein lautbar Wort aller Kräfte einführet, darinnen die Offenbarung göttlicher Freudenreiche in der freien Lust der Weisheit stehet.«[10]

17

Siebte Gestalt

Wesen, Gehäuse

»Diese siebente Gestalt ist der Natur Wesen, Luna, Saturnus, und ist das geformte Wesen der Kraft. Was die ersten Gestalten im Geist sind, das ist die siebente im begreiflichen[11] Wesen als ein Gehäuse der andern aller. Oder als ein Leib des Geistes, darinnen der Geist wirket und mit sich selber spielet. (...) Diese siebente Gestalt oder geoffenbarte Kraft Gottes begehret sich zu schauen: fasset die himmlischen göttlichen Kräfte und sich selber wieder und ist die himmlische Natur, die Weisheit, die englische Welt, das große Mysterium. So haben Licht und Finsternis miteinander gespielet. In der siebenten Gestalt ist Gottes Weisheit von Ewigkeit offenbar gewesen, daraus er alle Dinge geschaffen. Aller Dinge Schöpfung ist die geoffenbarte geformte Weisheit, welche in menschlicher Eigenschaft der neuen Geburt Christus heißet. Die siebente Gestalt ist der Sabbath, darin die anderen sechs ruhen von allem ihren Gewirke, gebären sich wieder und ruhen wieder. Das ist das Ewige Wesen.«[12]

»7. Wesen. Das Wesen ist ein Leib aller Eigenschaften als eine Mumia[13] der fünften Essenz, ein Menstruum[14] der Prinzipien, darinnen sie sich in Leib und Kreaturen einführen, daraus Fleisch und Blut urständet. Ist ein Liquor[15] aller Wachsenden, nach dem Guten gut und nach dem Bösen böse. Ein Zentrum zum Guten und Bösen. Unter den Planeten, Luna .«[16]

Meditation

Die ewige Jungfrau träumte aus der Tiefe der kosmischen Nacht das wahre Leben hervor. Als sie mit der Morgendämmerung erwachte, ging sie hinaus in die herrliche Landschaft. Überall waltete die spielende Lust, die unter dem gütigen Blick des reinen Wesens aufbrach, das als Letztes aus dem jungfräulichen Schoß emporgestiegen war: *der Weisheit.*
So wurde das letzte Wesen genannt. Es war ein Kind: reiner Glanz des ewigen Lichts, fleckenloser Spiegel der göttlichen Kraft, klares Bild seiner Güte. Selbstlos im Wesen, warm im Herzen und hell im Verstand. Es war erfahren und neugeboren, alt und jung, männlich und weiblich, reif und frisch, kraftvoll und zart, war es doch dem langen, langen Alptraum einer unendlichen kosmischen Leidensgeschichte entsprungen.

Die Weisheit spielte im neuen All, wo die Jungfrau nun immerfort die Freude des Daseins gebar.

Der Himmel
war himmlisch,
die Erde
war warm
und die Kühle
war kühl
und der Wind
wehte sanft.
Das Wasser
quoll lebendig
und das Feuer
knistert' zart.
Die Pflanzen
grünten frisch
und die Tiere

spielten frei.
Die Luft
war rein.
Die Sonne
erschien
am Morgen.
Und abends
kam die Nacht.

Die Tiefe trug,
die Weisheit barg.

Das Leben
freute sich,
weil die Liebe
glücklich war.
Das Wesen,
wonach sich
die reine Jungfrau
seit je gesehnt,
– ein Kind –
war Zeit
und Leib,
und das All,
für alle
endlich
das geworden,
was es
von jeher war:
Heimat.

Die höchste Seinsmöglichkeit, die auch die grundlegendste ist, wurde nun Wirklichkeit. Durch das wesenlose Wesen wurde das Trennende der Unterschiede aufgehoben. Glorreich glänzte das überall in der Mannigfaltigkeit anwesende Selbige. Das erste und letzte Wesen, das auch das mittlere ist, war nur »Anwesen«, »Gehäuse«.

Die höchste Weise,
welche das Leben
erreichen kann,
ist,
wenn der Mensch
in seinem Leib
zu sein
gelernt hat.
Alsdann
wird ihm das Gute
zur Heimat.

Als das Ersehnte der langen kosmischen Leidensgeschichte ist dieses Wesen nun wirklich, herrlich kindlich, da. Es ist nichts. Nur die Wirklichkeit eines Traums. Nur Präsenz. Da-sein.

Endlich
können
Himmel und Erde,
Welt und All
von allen
als das
erlebt werden,
was sie
seit Ewigkeiten
war'n:
unser aller Heimat.

18
Das göttliche Kind

Der vollendete Mensch ist eine Gestalt, die göttlich und menschlich, männlich und weiblich, jung und alt, rein und reif ist. Es ist ein Kind. Böhme findet es in Adam vorgezeichnet.

»Gott schuf einen solchen Leib wie die Seele in ihrer Essenz, als im ausgehalleten Worte des Verstandes war, und blies die Seele zum Verstande darein, so ist der äußere sulphurische[17] Leib auch mitnichten das grobe Tier, welches hingehet und nicht wieder kommt. Der rechte wahre Leib, der in der Grobheit verborgen lieget, ist ein geistlicher Leib gegen die Grobheit zu achten.[18] Er ist wohl in Fleisch und Blut, aber in einem fixen[19] Beständigen geschaffen.

Durch Adams Lust ward die Grobheit mit der Imagination[20] offenbar. Der recht äußere Leib ist eine sulphurische, merkurialische und salzische Eigenschaft, eine lautere wesentliche Kraft nach Art der Seelen; was die Seele im Geist ist, das ist der rechte menschliche Leib im Wesen als im Gehäuse der Seelen.

Alle Eigenschaften des inneren und äußeren Leibes samt den äußeren waren (in dem ersten Menschen) in eine gleiche Harmonie gerichtet, keine lebte in eigener Begierde, sondern sie gaben ihre Begierde alle in die Seele, in welcher das göttliche Licht offenbar war, als in dem heiligen Himmel. Das Licht schien durch alle Eigenschaften und machte eine gleiche Temperanz in den Eigenschaften. Alle Eigenschaften gaben ihre Begierde in das Licht als in Gottes geoffenbarte Süßigkeit, welche durch alle Eigenschaften drang, in welchem Durchdringen sie alle mit der süßen Liebe tingieret[21] worden, dass zwischen ihnen nichts als ein eitel[22] Wohlschmecken und Liebe-Begehren war.

Die innere hl. Leiblichkeit vom reinen Element drang durch die vier Elemente und hielt den Limum[23] der Erden (als den äußern sulphurischen Leib) in sich als wie verschlungen; und da er doch wahrhaftig war, aber auf seine Art wie die Finsternis im Lichte wohnet und mag doch nicht ihre Finsterheit vorm Lichte offenbar werden; so aber das Licht erlischet, so ist die Finsternis offenbar.

Also hielt der innere Mensch den äußeren in sich gefangen und durchdrang ihn, gleichwie ein Feuer ein Eisen durchglühet, dass man meinet es sei lauter Feuer; so aber das Feuer erlischet, so wird das schwarze, finstere Eisen offenbar.

Also war auch der erste Mensch, als er im Paradies stund in seiner Fixheit[24], auf die Art wie die Zeit vor Gott ist, und Gott in der Zeit, und keins das andere, und ist doch auch nicht absonderlich[25] getrennt. Wie die Zeit ein Spiel vor Gott ist, also war auch das äußere Leben des Menschen ein Spiel vor dem inneren heiligen, welches das wahre Bild Gottes war.

Der äußere Geist und Leib war vor dem inneren, als ein Wunder göttlicher Offenbarung nach der Feuer-Finsternis und Licht-Welt, ein Spiegel der großen Allmacht und Allwissenheit Gottes; und der innere war ihm zum Regenten gegeben.

Gleichwie Gott mit der Zeit der äußeren Welt für sich spielet, so auch sollte der innere Mensch mit dem äußern in dem geoffenbarten Wunder Gottes in dieser Welt spielen, und die göttliche Weisheit an aller Kreatur, in jeder nach ihrer Eigenschaft, eröffnen, sowohl in den Erden, in Steinen und Metallen, in welchen auch ein zweifaches Wesen lieget, als auch von der finstern Feuer-Welt Urstand, und dann von der hl. Licht-Welt Urstand.

Dieses alles war ihm zu seinem Spiel gegeben: Er hatte die Erkenntnis aller Tincturen, alles war unter ihm, er herrschte im Himmel und auf Erden und in allen Elementen sowohl in allen Gestirnen. Und das daher, dass die göttliche Kraft in ihm offenbart war, keine Hitze noch Kälte drang auf ihn. Gleich wie eine Tinctur einen Corpus[26] durchdringet und vor der Krankheit bewahret, so drang auch die höchste Tinctur vom göttlichen Feuer und Lichte, als die hl. Kraft des innern geistlichen Leibes, durch den äußern Leib von Fleisch und Blut und nahm alle äußere elementische Eigenschaft und auch den Limum der Erden in seiner Praeservation[27] oder Beschirmung.

Denn im Corpus des innern und äußern Menschen war eine Temperanz; also möchte auch nichts, was außer dem Corpus war, diese Temperanz zerstören oder angreifen. Gleichwie ein Gold im Feuer bestehet und eine Tinctur alles durchdringet und vor nichts weichet, so war auch der Mensch keinem Dinge untertan als nur bloß dem einigen Gott, der durch ihn wohnet und in ihm mit der Kraft des hl. Wesens offenbar war. Und das war ein Bild und Gleichnis Gottes, in dem der Geist Gottes wohnet.

Die Vernunft wird uns übel verstehen und sagen, ich rede von zweierlei Menschen. Ich aber sage nein, ich rede nur von einem Einigen, der ein Gleichnis nach Gott ist, als nach dem geoffenbarten Gott, nach dem ausgesprochenen, geformten Worte der göttlichen Kraft, des göttlichen Verstandes.«[28]

Als Verkörperung der Ur-Idee ist Adam ein Symbol des vollkommenen Menschen. Hat die Menschheit schon einmal diesen Zustand erreicht, so dass sich die Geschichte zurückbewegt beziehungsweise auf den gleichen Punkt hinbewegt? Dies kann unsere heutige

Wissenschaft weder behaupten noch ausschließen. Doch zu allen Zeiten haben viele tiefsinnige Menschen daran geglaubt. Der Mythos situiert das paradiesische Geschehen *in illo tempore*, in der Vergangenheit. Jene Vergangenheit war für Böhme die wahre Zukunft. Dabei ist gewiss: Erst von dieser Vorstellung her wird das Leben hell. Das damit aufgebrochene Tiefenphänomen ist schmerzhaft werdende Wirklichkeit, die der jeweiligen Gegenwart Inhalt verleiht. Geschichte ist, soll sie einen Sinn haben, der geheimnisvolle Gang von Mensch und Natur zum Garten Eden, d.h. zu dem Zustand, der damit gemeint ist.

»Ich weiß, dass der Sophist mich allhie tadeln und mir es für ein unmögliches Wissen ausschreien wird, dieweil ich nicht sei dabei gewesen und es selber gesehen. Dem sei gesaget, dass ich in meiner Seelen- und Leibes-Essenz, da ich noch nicht der Ich war, sondern da ich Adams Essenz war, bin ja dabei gewesen und meine Herrlichkeit in Adam selber verscherzet habe (...).

Adam war ein Mann und auch ein Weib, und doch der beiden keines, sondern eine Jungfrau, voller Keuschheit, Zucht und Reinigkeit als das Bild Gottes. Er hatte beide Tincturen vom Feuer und Licht in sich, in welcher Konjunktion[29] die eigene Liebe, als das jungfräuliche Zentrum, stund als der schöne paradiesische Rosen- und Lust-Garten, darinnen er sich selber liebete (...).

Ein solcher Mensch, als Adam vor seiner Heva[30] war, soll aufstehen und das Paradies wieder einnehmen und ewig besitzen; nicht ein Mann oder eine Frau, sondern wie die Schrift saget: Sie sind Jungfrauen und folgen Gott und dem Lamme. Sie sind gleich den Engeln Gottes, aber nicht allein pur Geist wie die Engel, sondern in himmlischen Leibern, in welchen der geistliche englische Leib innen wohnet.

Weil dann Adam ins Paradies zum ewigen Leben geschaffen ward ins Bilde Gottes und ihm Gott selber sein Leben und Geist eingeblasen hatte, so mögen wir ihn wohl beschreiben, wie er gewesen sei in seiner Unschuld und wie er gefallen und was er jetzt sei und endlich wieder werden soll.«[31]

Dies ist ein Glaube, der, wie gezeigt, seine Argumente hat. Der Mensch erscheint darin als eine Gestalt, die sich im Werdeprozess auf ein überaus erhabenes Ziel hinbewegt.

Auch die Auffassung, die aus dem Wirrwarr des natur- und menschheitsgeschichtlichen Verlaufs die chaotische Sinnlosigkeit des Ganzen ableitet, ist ein Glaube, der sich aus eigenen Evidenzen nährt. Alles ist dabei zufällig. Und der Mensch erscheint als missglückte Gestalt, die das Ganze gefährdet.

Wenn die Macht die Hauptrolle im Leben spielt, entsteht die Welt, in der wir leben. Hier herrscht ein Glaube, der Machtkämpfe, Kriege, Kommerzialisierung, Zerstörung und Selbstzerstörung hervorruft und, da die Menschen doch leben und lieben wollen, weithin Orientierungslosigkeit versursacht.

Allen Entwürfen der menschlichen Welt liegt ein Glaube zugrunde. Jeder Glaube hat seine Evidenzen. Es kommt darauf an, vom guten, fruchtbaren Glauben auszugehen.

Die böhmesche Auffassung ist erhaben, ihr Traum wunderbar, ihr Weltentwurf hell. Es geht dabei um Leben, das lieben, und um Liebe, die leben will.

Eine außergewöhnlich tiefe und schmerzhafte Erfahrung der Negativitäten sowohl in der Natur- und Menschheitsgeschichte als auch im persönlichen Leben löste den mystischen Weg Jakob Böhmes aus. Er hat sich in einem großartigen Werk niedergelassen. Vielleicht ist dessen erstaunlichster Höhepunkt darin zu sehen, dass der leidgeprüfte Philosophus Teutonicus zu einer solch bejahenden Sicht der Wirklichkeit gelangen konnte. Trotz allem glaubte der mystische Naturphilosoph an einen positiven Sinn des Menschen im Ganzen der Naturgeschichte.

Der Sinn wurde ohne uns entworfen. Doch ohne uns kann er nicht geschehen. Zu seiner Verwirklichung beizutragen, ist unser aller Pflicht, ist Hauptaufgabe von Philosophie und Wissenschaft. Findet der Mensch den Sinn, der in seinem Wesen niedergeschrieben und eingezeichnet ist, braucht er nicht mehr zu philosophieren. Er kann anfangen zu leben.

Anfangen zu leben ist anfangen zu lieben. Dies ist der Sinn von Sinn, ist Weisheit. Nur dieser tiefe Sinn bringt wahren Frieden.

»Also müssen sich im philosophischen Werke alle Gestalten in Eine, als in Sol verwandeln, aus sieben muss Eines werden, und bleibet doch in sieben, aber in einer Begierde, da eine jede Gestalt der andern in Liebe begehret, so ist kein Streit mehr.«[32]

ANHANG

Glossar

1. Jakob Böhme – Vokabular

animalisch: beseelt. Von *lat.* animus, »Lebenshauch, Seele«.
astralisch: von den Sternen herrührend, den Sternen zugehörig.
Begierde: geistige Gestaltungskraft des Urlebens.

Chaos: (nicht Unordnung!) Ureinheit, welche die Möglichkeit zur
Vielheit in sich trägt.
coagulieren: gerinnen, erstarren lassen.
Compaction: Zusammenziehung, wodurch die Härte – erste Naturgestalt – als Wesenheit entsteht.
Contrarium: Gegensatz.
corporalisch: leiblich, körperlich.

Einfassung/gefasst: Sammlung, Einsammlung, konzentriert, dicht.
Erste Urbewegung im Selbstgeburtsprozess Gottes.
Empfindlichkeit: das Vermögen zu empfinden.
englische Welt: von Engel; eine hohe geistige Welt.
Ens: [*Lat.*] Seiendes. Bei Böhme: Wesen im Sinne von bergendem
Wohnen, liebem heimatlichem Geschehen. Der Mystiker definiert
sie so: »Ens ist das Paradeis oder das Wesen der Essenz im ersten
Wesen.« (Clavis. XIV. Clavis specialis. Das III Principium. Autoris
Sceleton praedictorum).

Erheblichkeit: Bedeutung, Gewicht.

Essenz/essentialisch: Lat. essentia. Bei Böhme: lebendiger Grund eines Wesens. Er definiert sie so: »Essenz ist das ganze Wesen ineinander: ist das Leben der Wesenheit. Essenz hat kein Leben noch Wesen: Ist wie ein Spiegel und das Finden; ist subtiler als Wesen; zeucht in sich, dass Wesenheit wird. Wesenheit kommt aus der Essenz. Aus der Sonnen Essenz wird Wasser. *Es* ist Feuer in der Natur-Sprache: *senz* ist Fassung, Leibwerdung, hält das Feuer in sich. Essenz ist wie ein Grünen, Quellen (wie die Lebens-Geister im Fleische) oder Regen oder kleine Leben in der Weisheit ohne den rechten Geist. Doch ein Geist daraus der rechte Geist und Leben entstehet, als aus seiner Ursache.« (Clavis, a.a.O. Unter »Ein anderer Schlüssel des Autoris«.)

Feuer: 4. Gestalt der ewigen Natur. Es geht im Blitz oder »Schrack« auf, scheidet Licht und Finsternis. Ursprung der menschlichen Welt.

Fiat: [*Lat.*] es werde.

Figurierung: Symbol, ideelles Vorbild.

Findlichkeit: Fähigkeit, sich selbst zu finden, d.h. sich und andere zu unterscheiden, seine Grenzen und die anderer wahrzunehmen.

Finsterheit: Die Finsternis als Wesenheit.

Fixheit: Durchdringung des Körpers durch den geistigen Leib.

Freudenreich: Welt, die durch das Liebe-Spiel gestaltet wird.

Gehäuse: siebte Gestalt der ewigen Natur. Siehe Wesen.

geistliches Wasser: Qualität des Wassers auf der geistigen, kausalen Ebene; gehört zur 5. Naturgestalt.

Gemüt: Hauptmoment im Selbstgeburtsprozess des Göttlichen, Ureigenschaft des Ungrundes, Mitte, »Herz« Gottes.

Gestaltnis: Gestalt, Gestaltung

Hall: Klang, Schall, Wort. Im Prozess der Selbstgestaltung der ewigen Natur: 6. Stufe, in der es dem Menschen möglich wird, die Geschöpfe als Mitteilung, Botschaft zu vernehmen und dieser zu entsprechen.

Himmel: Präsenz Gottes in jedem Geschöpf.

Imagination: schöpferische Einbildungskraft, Vorgang, durch den das Bild (Idee) eines Wesens hervorgebracht wird. Sie wirkt vornehmlich im Zeugungsakt.

Impression/impressen: Zusammenziehung der finsteren Begierde in der ersten Naturgestalt.

Infassung: siehe Einfassung. Sie bezeichnet den Sohn im Geburtsprozess des dreifaltigen Gottes.

inqualieren: im Ursprung zusammenkommen, gleich sein, eins sein.

jovialisch: von lat. iovialis, zu Jupiter (lat. auch Jovis) gehörig, ihm entsprechend.

Jungfrau: Gestalt des ursprünglich vollendeten Menschen, der das weibliche und das männliche Urprinzip lebendig in sich vereint. Sie wird mit Androgyne (zwiegeschlechtlich, wie Franz von Baader übersetzte) m.E. nicht treffend wiedergegeben.

Jupiter: Planet, unter dem die 6. Gestalt der ewigen Natur steht. Er hat die Eigenschaft, Licht und Lebensfreude zu spenden.

Konjunktion: Zusammenkunft, Übereinkunft.

Kreation: Schöpfung.

künstlich: erhaben, kunstvoll.

latsche: hölzern.

Liebe-Spiel: leiblich-geistig vollendete Weise des Zusammenseins von Gott, Mensch und Natur.

Limum: Leim, zum Verkleben dienende Erdmasse.

Liquor: Flüssigkeit, Trägersubstanz.

Luna: der Mond, unter dem die 7. Gestalt der ewigen Natur steht. Grundbedeutung: Urheimat des Menschen.

Lust: geistige Gestaltungskraft des Urlebens. Sie ist die Ureigenschaft des Ungrundes, der »früher« ist als Gott. »Gott ist der Ewigkeit als des Ungrundes Lust. Dieselbe Lust fasset in sich einen Willen zur Offenbarung der Lust (...) Lust ist ein Sehnen, sich zu offenbaren und ist die englische Welt« (Clavis, XIV. Clavis specialis. Unter »Aus Herrn Balthasar Walters«).

Magia/magisch: Kunst, aus Dingen und Menschen die Idee (Urbild, Wesen) herauszulesen und sie so in ihre wahre Wirklichkeit übergehen zu lassen.

magisches Kind: exemplarisches Bild des Magus.

Magus: Könner, (Lebens-)Künstler.

Mars: Planet, unter dem die dritte Gestalt der ewigen Natur steht. Er hat die Grundeigenschaften zu bewegen, zu treiben, zu wachsen, auszudehnen.

Mens: das geistige Gemüt.

Menstruum: Blut.

Merkurius: Quecksilber. Materielle Niederschrift (Signatur) der zweiten Naturgestalt. Böhme bezeichnet damit fast immer die gemeinte Eigenschaft: das Ausdehnende, Grund für Bewegung und Leben.

Mumia: Behälter.

Mysterium Magnum: Das große Geheimnis. Chaos (siehe oben), Ungrund, aus dem Schöpfer und Geschöpfe hervorgehen. »Gott« – das zeitlose, unfassliche Geheimnis – ist Ungrund. Der Schöpfer als der geschichtlich wirkende Gott entsteht daraus zugleich mit den Geschöpfen.

Öl: das Wesen, worin sich das Licht entzündet (vgl. Clavis, 133), was den Übergang in die rechte Wesenheit ermöglicht. Qualität des Öls auf der geistigen Ebene. Tritt in der 5. Naturgestalt hervor.

Particul/ Partikular: Stückchen, Teilchen.

particular: stückweise.

Peinlichkeit: Qual

Philosophus Teutonicus: der deutsche Philosoph, der germanische Philosoph. Zum ersten Mal wurde Böhme um 1615 von Dr. Balthasar Walter so genannt. Gegen Ende seines Lebens unterschrieb Böhme oft selbst seine Briefe mit dieser Bezeichnung. Hegel nannte Böhme den ersten deutschen Philosophen.

Prinzip: Principium, Ursprung, Aufgehen, Ausweiten.

Prinzipien drei: 1. Finsternis, finstere Welt als Lebensursprung, 2. Licht, englische Welt als Lebensursprung, 3. diese beiden in der sichtbaren Welt.

Prozess/Processus: Rückführung zum wahren Grund des Wesens.

Qual: Qualität im endlichen Sinne.

Quallen: Quall, »emporquellend, Wassermenge« – quellen, »hervordringen, sprudeln« – Quell(e), »Ursprung«, worin die *lat.* Bedeutung von qualis (Beschaffenheit) mitklingt. Bewegung der Wesenheiten, die gut, sanft (im Licht) oder negativ, (in der Finsternis) vor sich geht, mithin zurück zum Ursprung (Quell) oder Abkehr von ihm bedeuten kann.

qualificieren: Jedes Wesen hat seine Beschaffenheit vom eigenen Ursprung. Insofern auch wiederum Zusammenhang mit *lat.* qualis. *Qualitäten:* ebenso von quellen, Zusammenhang mit lat. qualis. Die Naturgestalten, Naturursprünge; auch einfach Beschaffenheit.

Quinta essentia: [lat.] die fünfte Essenz. Subtile Kräfte, die aus dem 1. und 2. Prinzip in die äußere Welt (3. Prinzip) wirken. Böhme setzt sie den Sternen (Astralischem) und ihrer Kraft gleich. »Quinta(m) Essentia(m), als das Gestirne und wachsende Leben, daraus kommen: Die vier Elementa, daraus die irdischen Kreaturen geschaffen worden« (Clavis. XIV, Clavis specialis. III. Principium).

Sal: Materielle Niederschrift (Signatur) der ersten Naturgestalt. Böhme versteht darunter fast immer die damit gemeinte Eigenschaft: das rein Attraktive, das Anziehende, Einziehende. Ursache für Härte, Festigkeit, Salze, Steine, Beine usw.

Sal nitri, Salnitter, Salitter: geistige Substanz der Erde. In der äußeren Natur erscheint sie als Salz.

Scienz: von »ziehen« abgeleitet; die *lat.* Bedeutung scientia (Wissenschaft) klingt auch mit. Es bedeutet das An-ziehen, Ein-ziehen, die Suche (»Sucht«) eines Wesens nach seiner vollen Gestaltung. Als Wissenschaft: die Kunst durch die Erscheinungsform (»Signatur«) einer Sache bis zum Ungrund vorzudringen und von daher den Gestaltungsprozess nachzuvollziehen. Als dritte Gestalt der ewigen Natur: Ursprung der Sinnlichkeit als Tiefenphänomens und der Welt, in der sich dieses erstmalig leiblich darstellt: das Pflanzliche.

Sensus: Sinn.

Sinn, sinnlich, Sinnlichkeit: von *lat.* sensus. Vermögen, äußere Dinge und eigene Selbsterfahrung wahrzunehmen. Urbestimmung eines Wesens, die in seiner äußeren Verfassheit (Signatur), beim Menschen in den Sinnen, niedergeschrieben ist. So verstanden geistige Mitte des Menschen.

siderisch: auf die Gestirne bezogen, von ihnen abhängig oder beeinflusst.

Signatur: geronnene Lebensgeschichte, Niederschrift des Wesens. Sie stellt sich in der äußeren Verfassheit der Dinge dar, die der Mensch lesen lernen soll.

Schiedlichkeit, schiedlich: Tiefenphänomen des Auseinandergehens der Ureinheit in Vielheit. Unter-Scheidung. Unter-Schied. Unterschiedlich.

Saturn: Planet, unter dem die erste Gestalt der ewigen Natur steht. Seine Grundeigenschaft ist anzuziehen, zu befestigen, zu verengen und zu verhärten.

spiritualisch: geistig, geistlich.

Sucht: die tiefste Wurzel der ewigen Natur. »Sucht ist der Urstand der Natur« (Clavis, Der vorletzte Satz).

Sulphur/sulphurisch: Schwefel. Gehört zur dritten Gestalt der ewigen Natur. Ursprung von Feuer, Bewegung und Leben. Als geistige Kraft spielt er eine wichtige Funktion beim Materie-Werden des Geistes.

Temperanz: Ausgewogenheit, Harmonie der Prinzipien.

tingieren: leises Hinführen eines Wesens in seine wahre Idee, d.h. in seine leiblich-geistig vollendete Daseinsform.

Tinctur: geistige Wirksamkeit, welche die Idee Wirklichkeit (Leib) werden lässt. Böhme definiert sie so: »Tinctur ist das Sprechen des Wortes (Verbum in actu)« (Clavis, XIV. Clavis specialis). »Tinktur ist Jungfrau, als das Leben der Weisheit; hat fliegend, geistlich Leben, ist der scharfe Geist in der Weisheit« (ib.). Charakterzug des geistigen Leibes.

transmutieren: verwandeln, verändern.

trucken: das Pflanzliche fördernd – Wortsippe trocken: intransitiv *mhd.* truckenen, *ahd.* truckanen (trocken werden); transitiv *mhd.* trücke(ne)n, *ahd.* trucknen (trocken machen). Verwandt mit dem *niederl.* droog und mit dem *engl.* dry. Für den obigen Zusammenhang ist sprachgeschichtlich die Beziehung zum Wort »Droge« entscheidend, aus dem *frz.* drogue entlehnt, das im 17. Jh. in der Bedeutung von »(pflanzlicher oder tierischer) Rohstoff« verwendet wurde.

Turba: Unruhe, Verwirrung.

Ungrund: Identität von Bejahung und Verneinung, aus der alles hervorgeht. »Gott« als unfassliches, unzeitliches, ungeformtes Urwesen ist Ungrund, der sich in einem ebenso unzeitlichen Selbstgeburtsprozess als Dreiheit gestaltet. Gemeint ist aber nicht der Schöpfer, der zusammen mit den Geschöpfen aus dem Ungrund hervorgeht.

Urstand/urständen: hervorgehen, entstehen.

Venus: Planet, unter dem die fünfte Gestalt der ewigen Natur steht. Seine Grundeigenschaft ist, das Feuer der Begierde in Licht und Liebe zu verwandeln.

Wesen: abgeleitet von Anwesen. Wohnen, dasein, geschehen, am Ort sein. Die Vollendung der Geschichte geschieht, wenn Dinge und Menschen in ihren Urort (»Gehäuse«) finden bzw. zurückgelangen. Zurückgewonnener Ursprung. Leib.

Wesen aller Wesen: der Ungrund, »Gott«.
wesentlich: ein Wesen habend, wesenhaft.

Zentrum Naturae: Urmitte des Lebens, aus der die Lust entsteht, die Finsternis, Feuer und Licht gebiert.

2. Allgemeines Vokabular

Abstraktion/abstrakt: Herauslösen eines Allgemeinen aus den zu begreifenden Einzeldingen. Sie ermöglicht die Bildung des Begriffs, in dem dieses Allgemeine (Wesen) vorgestellt wird. Im abgeleiteten negativen Sinne wird ein Denkvorgang als abstrakt bezeichnet, der mit der unmittelbaren Wirklichkeit keinen sichtbaren Bezug hat.

conditio humana: [*lat.*] menschliche Lage. So bezeichnet man das Schicksal des Menschseins, vor allem im Hinblick auf seine Begrenzung und Vergänglichkeit.

Dimension: Ebene, Niveau. Durch Vererbung und Erfahrung gewonnener Grundboden, der eine bestimmte Sicht der Wirklichkeit und die daraus hervorgehenden Erkenntnisse ermöglicht. Mit der Dimension verändert sich auch der Sinn der Phänomene, selbst wenn diese äußerlich und sprachlich identisch bleiben.

ehjeh aser ehjeh: [*hebr.*] Exodus 3, 14: Ich bin, der Ich bin. Genauere Übersetzung: Ich werde da sein, als Der Ich da sein werde.
Eine (das): Das Ursein als die an sich unfassliche Realität, die alle Seienden – Mineralien, Pflanzen, Tiere, Menschen, Geister und Götter – sein lässt. In der Dimension, in der das Leben als das Eine erfahren wird, besteht der Unterschied zwischen toter Materie und Lebewesen nicht. Vom Einen her gesehen ist alles eins.
Ekstase: Verzückung, Entrückung. Höherer Zustand der Selbsterfahrung, in dem Grund und Sinn von Wirklichkeiten (z.B. das Dasein des Menschen), die der alltäglichen Erfahrungsweise entgehen, unvermittelt aufgehen und hell gesehen werden. Eine Ekstase war z.B. die böhmesche Entdeckung des Seinssinnes beim Anblick eines zinnernen Gefäßes.
Empirie/empirisch: griech. empeiría, »Erfahrung«. Welt des unmittelbar und sinnlich Erfahrbaren. Erkenntnisweise, die durch un-

mittelbare und sinnliche Erfahrung von Einzeldingen gewonnen wird.

Endlichkeit/Endliches/endlich: Begrenztheit und Eingeschränktheit nach Raum, Zeit, Größe, Zahl, Menge, Kraft usw.

Evidenz: von *lat.* videre, »sehen«. Augenscheinlichkeit, Gewissheit. Helle Sicht einer Wahrheitsform, die in einer bestimmten Dimension aufgeht. Evidenzen können von außen nicht vermittelt werden. Sie werden nur durch Eintritt in die jeweilige Dimension sichtbar.

Evolution: von *lat.* evolvere, »entfalten, entwickeln«. Allmähliches Hervorgehen eines höheren aus einem niederen Zustand, in dem der neue jedoch zumindest im Keim schon angelegt sein muss.

Fiktion: Täuschung.

Freiheit – äußere Freiheit: Möglichkeit, sich uneingeschränkt zu bewegen, zu denken, auszudrücken. *Innere Freiheit:* erfüllte Übereinstimmung mit sich selbst, welche die geistige Loslösung und Unabhängigkeit ermöglicht. Sie entwickelt sich durch einen Reifungsprozess, in dem beide – erfüllende Identität und geistige Unabhängigkeit – auseinander hervorgehen.

Gemüt: Gestalt des Menschen vom Insgesamt seiner Gefühle und Regungen, seiner intuitiven schöpferischen Kräfte, seiner Verbundenheit mit dem Einen her betrachtet. Als Gemüt ist der Mensch weder zeitlich noch endlich.

Genese: lat. genus »Geschlecht, Art, Gattung«, *griech.* génos, *idg.* gen, »gebären, erzeugen«. Genese bedeutet Vorgang, in dem ein Phänomen erzeugt oder hervorgebracht wird. Entstehungsgeschichte eines Dings oder eines Zusammenhangs.

Grundwissenschaft: Wissenschaft, die sich mit Phänomenen befasst, die in den Wissenschaften vorausgesetzt, aber nicht reflektiert werden. Grundwissenschaften sind etwa die Ontologie, die Phänomenologie. Die *Tiefenphänomenologie* (siehe unten) ihrerseits reflektiert Urphänomene, die in der Ontologie und Phänomenologie weder gesehen noch gedacht werden können.

Identität: von lat. idem, »dasselbe«. Völlige Übereinstimmung.

Identifikation: Feststellung der Identität einer Sache oder einer Person.

identifizierbar: nachprüfbar.

imaginäre Welt: gedanklicher Zusammenhang, der von der Einbildungskraft hervorgebracht wird.

in illo tempore: [*lat.*] zu jener Zeit, damals. Der Ausdruck wird in der Regel als Einleitung zu mythischen Erzählungen gebraucht und bedeutet dann: überzeitlich, nicht in einer feststellbaren Zeit geschehen.

Irdigkeit/irdisch: Qualität der Erde auf der kausal-geistigen Ebene.

Jehova: im 13. Jh. n. Chr. entstandene falsche Lesart des hebräischen Gottesnamen JHWH (Jahwe). Aus Ehrfurcht wird dieser nicht ausgesprochen, sondern Lesezeichen für Adonai (Herr) dafür gesetzt. JHWH wurde mit den Vokalen des Wortes Adonai (J<u>a</u>ho-w<u>a</u>[i]) versehen, woraus sich »Jehova« bildete.

Jungfrau: Ewige oder himmlische Jungfrau ist die schöpferische Weisheit, die aus der Tiefe des Ungrundes die Natur gebiert.

Kabbala: [*hebr.*] Überlieferung. Jüdische Geheimlehre und Mystik. Vom 8. Jh. an gelang die mystische Bewegung nach Europa. Als erste kabbalistische Schrift gilt das Buch Bahir, entstanden im 12. Jh. in Südfrankreich. Zu dieser Zeit hier und in Spanien wichtige Geheimlehre. Durch das Buch Sohar (Lichtglanz) gewann sie im 13. Jh. weitere Verbreitung und wurde von christlichen Denkern mit Trinitätsspekulationen verknüpft. Mit der Kabbala befassten sich intensiv Picco della Mirandola (1463-1494) und Paracelsus (1493-1541).

Kategorie: von *griech.* kategorein, »anklagen, aussagen«. Grundaussage. Kategorien sind Grundbegriffe, die das Erfahrungsmaterial aufzunehmen und einzuordnen ermöglichen. Aristoteles zählte zehn: Substanz, Quantität, Qualität, Relation, Ort, Zeit, Lage, Haben, Tun, Leiden. Nach Kant: Quantität, Qualität, Relation, Modalität, Dasein. In der Neuzeit entfaltet jede Philosophie und jede Wissenschaft ihre eigenen Kategorien.

Konstitution: von *lat.* constituere, »errichten«. Aufbau, Zusammenfügung. In der *Transzendentalphilosophie*: Bezeichnung für das grundsätzliche Fungieren des Bewusstseins, die Gegenstandswelt in ihrer Geordnetheit zu bedingen und deren Erfahrbarkeit und Erkennbarkeit zu ermöglichen. In der *Tiefenphänomenologie*: Gestaltungsprozess der Urphänomene, welche die Wirklichkeit und ihre Strukturen ermöglichen und tragen. Sie gehen nicht nur dem Bewusstsein, sondern auch der Existenz und jeder Leistung des Menschen voraus.

Kreation: Schöpfung.

Kreatur: Geschöpf.

Konkretion/konkret: von *lat.* concrescere, »zusammenwachsen«. Individuell erfahrenes Da-sein eines Dings, eines Menschen oder eines Zusammenhangs.

Leib: geronnene Lebensgeschichte, Niederschrift von Lebensprozessen, Ort, an dem diese Prozesse stattfinden, Grundgedächtnis des Menschen und der Dinge, Behälter des Geistes.
loco (in): [lat.] am Ort.
lokalisierbar: an einem bestimmten Ort feststellbar.

Materialität: sinnlich erfahrbare Daseinsform.
Meditation/meditieren: von *lat.* Nachdenken, sinnende Betrachtung, religiöse Versenkung. Heute auch weltanschaulich neutrale Übung der seelischen Versenkung.»dhyana«, die 7. Stufe des Raja-Yoga: tiefste Erfahrung, Augenblick, der zur Einheitserfahrung führt. In der Philosophie gelegentlich verwendete Methode, z. B. Descartes, Meditationes de prima philosophia (1641); Husserl, Cartesianische Meditationen (1929-32). In der *Tiefenphänomenologie* zusammen mit Dialog und Dichtung wiederaufgenommene ursprünglich philosophische Mitteilungsform, die aus dem Zusammenwirken von Gemüt und leiblicher Konzentration hervorgeht. Die dadurch mitgeteilten Inhalte können folglich nur entsprechend, d.h. durch ganzheitliche Besinnung adäquat wahr- und aufgenommen werden.

Mythos/mythisch: [griech.] Ursprüngliche Bedeutung: »Wort« im Sinne einer letztgültigen Aussage. Später: Sage. Altüberlieferte Erzählung, die in anschaulicher Bildsprache ein »urzeitliches« Ereignis vorstellt. So erhalten Natur- und Lebensvorgänge für den Menschen Sinn.
Mystik/Mystiker: von *griech.* myein, »Augen oder Lippen schließen«. Tiefe, höchste Form der Selbsterfahrung des Menschen, die bis in den ursprünglichen göttlichen Urgrund reicht, ihn mit dem die Welt begründenden Unendlichen eint und die Natur in ihrer Göttlichkeit erfahren lässt. Mystische Phänomene sind in allen höheren Religionen erwiesen. Am besten teilen sie sich dichterisch mit. Aber die sprachliche Mitteilung auch seitens des Mystikers bleibt unzureichend. Die begriffliche Erfassung verarmt und entstellt meist die mystische Erfahrung.
Nichts: das Nichtsein sowohl von wirklichem als auch von möglichem Sein. Das Nichts ist unvorstellbar und undenkbar, wohl aber erfahrbar.
nunc stans: das unbewegliche Jetzt, das Immerwährende.

Ontologie/ontologisch: [*griech.*] »Seinslehre«. *Klassische Bedeutung:* als Lehre vom Seienden, sofern es ist, Grunddisziplin der metaphysischen Philosophie schlechthin. Sie geht auf die »erste Philosophie« des Aristoteles zurück, die das Seiende nicht in einer bestimmten Hinsicht (z. B. technischer Verwendbarkeit), sondern an ihm selbst, in seiner Seiendheit, d.h. im allumfassendsten Horizont des Seins betrachtet. Dadurch wird das Seiende von jeder besonderen Bedeutung abgelöst. In diesem Sinne ist Ontologie »reine« Theorie, »absolute« Lehre vom Seienden. *Heidegger* wirft der überlieferten Ontologie »Seinsvergessenheit« vor, weil jene das Sein nur in seiner Gründungsfunktion für Seiendes, nicht an ihm selbst betrachtet. Indem aus dem Gesamtfeld des Seienden jeweils nur ein bestimmter Typus der Seiendheit (z.B. Gegenständlichkeit) herausgenommen und absolut gesetzt wird, versperrt sich die klassische Ontologie den Zugang zur Vielfalt von »Seinsweisen« und bewegt sich in verborgenen Vorentscheidungen, die ihrer Art der Frage nach dem Sein schon eine bestimmte Prägung geben. Erst nach einer »Destruktion«, d.h. dem Abbau der klassischen Ontologien (in »Sein und Zeit«) wird folglich die eigentliche Seinsfrage möglich. Sie wird in einer *Fundamentalontologie* gestellt, die nicht das Sein des Seienden, sondern das Sein selbst, das »Seinsverständnis« als Hauptthema des Denkens hat. In der *Tiefenphänomenologie* bedeutet Ontologie die erhellende Betrachtung des Tiefenphänomens der Ur-Scheidung des Einen in Vieles und der daraus hervorgehenden Urphänomene, die das Seinsleben ermöglichen. Erst von daher wird sichtbar, wie und warum z. B. Vernunft, Philosophie, Denken usw. – folglich auch so etwas wie ein »Seinsverständnis« und der Drang danach – überhaupt entstehen können. Ebenso wird tiefenphänomenologisch offengelegt, welche Bedeutung dem »Denken« im Prozess der Menschwerdung des Menschen und dieser im Geschehen des Ganzen zukommt. Die tiefenphänomenologische Ontologie ist keine »Sache des Denkens«. Sie geht aus dem sehenden, hörenden und fühlenden Nachvollzug der Urbewegung der Seinsgeburt (siehe oben »Gemüt«) hervor.

Paradoxon/paradox: [*griech.*] Gegenmeinung. Das dem gewohnten Vorstellen, der gängigen Meinung (»doxa«) als widersinnig und ärgerlich Erscheinende. Seit Pascal und Kierkegaard ist das Paradoxon in Philosophie und Theologie das Phänomen der Präsenz des Absoluten in endlicher Erfahrung.

Pasquill (das): Schmähschrift.

Phänomen/Phainomenon: [*griech.*] das Erscheinende, das Sichoffenbarende. Das, was sich von sich her zeigt.

Phänomenologie: In inhaltlich-philosophischer Bedeutung wurde das Wort zuerst von Hegel in seiner »Phänomenologie des Geistes« verwendet. Heute bezeichnet Phänomenologie eine neuzeitliche Form der Philosophie: eine von Edmund Husserl (1859-1938) begründete Methode, die durch Reduktionen (Ausklammerung von eigenem Bewusstsein, Vorurteilen, Vorentscheidungen usw.) zum reinen, sich in allen Phänomenen durchhaltenden Wesen vorzudringen versucht. In der transzendentalen Reduktion erfolgt die Wendung zum Bewusstsein als ursprünglicher Seinsboden jeden Sinnes und jeglicher Wirklichkeit. Seine in der Intentionalität sich ausprägenden Konstitutionsleistungen sind Formen des absoluten Bewusstseinslebens als weltentwerfendes absolutes Ego. Nach Husserl entfaltete sich die Phänomenologie weiter und entfernte sich auch dabei von ihm entschieden. So etwa bei Max Scheler (1874-1928), Martin Heidegger (1889-1976), Jean-Paul Sartre (1905-1980) und Emmanuel Levinas (1906-1996). Andere Vertreter der Phänomenologie sind Alexander Pfänder (1870-1941), Adolf Reinach (1883-1917), Oskar Becker (1889-1964), Edith Stein (1891-1942), Arnold Metzger (1892-1974), Hedwig Conrad-Martius (1898-1966), Ludwig Landgrebe (1902-1991), Gerda Walther (1897-1977), Eugen Fink (1905-1975), Roman Ingarden (1893-1970).

Prinzip: [*lat.*] principium, griech. arché. »Ursprung, Anfang«. Im abgeleiteten Sinne Grundsatz, Regel.

Prozess: stufenartige Entwicklungs- und Entfaltungsform.

Qui est: [*lat.*] Der ist.

Rotation/rotieren: Sichdrehen, Drehung.

Sein: bedeutet tiefenphänomenologisch das Urleben urgenetisch gedacht. Im gängigen Gebrauch als Zeitwort ist *sein* die allgemeinste Aussage, die alles – Gegenwärtiges, Vergangenes und Zukünftiges, Mögliches und Unmögliches, selbst das »Nicht-Sein« – einschließt. Absolute Voraussetzung für Leben, Handeln und Denken. In der Philosophiegeschichte stellt das Sein seit ihren Anfängen bei den Vorsokratikern bis heute durchgängig ein Hauptthema der Reflexion und Auseinandersetzung dar.

Seiendes: bedeutet tiefenphänomenologisch die Lebendigen oder die Geschöpfe urgenetisch gedacht. Im allgemeinen Sprachgebrauch ist ein Seiendes das, was überhaupt in irgendeiner Weise ist, von dem deshalb gesagt werden kann, dass ihm Sein zukommt.

Seiendheit: bedeutet tiefenphänomenologisch den Urzustand des Lebendigseins urgenetisch gedacht. Im allgemeinen philosophischen Sprachgebrauch besagt Seiendheit den Bezug des Seienden zum Sein, mit dem es in der ontologischen Differenz steht. Ontologische Differenz heißt, dass das Seiende zwar voll, aber nicht *das* Sein ist. Deshalb entsteht und vergeht Seiendes, das Sein jedoch ist ohne Anfang und ohne Ende, unentstehbar und unvergänglich.

Seinsvollzug: konkrete Daseinsgestaltung von Menschen und Dingen, dynamisch gesehen.

Selbstgenuss: Seinsweise, welche die eigene Identität, d.h. die Übereinstimmung mit sich und der Welt, in geistiger, seelischer und leiblicher Lebendigkeit, also »gemütlich« vollzieht.

Sophist: urspr. von *griech.* sophoí, »die Weisen« in der Aufklärungsepoche der griech. Philosophie. Später, im 5. und 4. Jh. v. Chr., Wanderlehrer, die gegen Bezahlung die Kunst des Widerlegens lehrten. Daher die Bedeutung »Dialektiker« im abwertenden Sinne.

Spiritus mundi: [*lat.*] Weltgeist.

Substanz: Kern einer Sache. Urmaterie, aus der etwas geformt wird.

Tiefenphänomen: Urphänomene, welche den Ursprung des Seins und des Seinslebens betreffen. z. B. Ungrund, Weibliches und Männliches, Zeugen und Gebären, Tod und Selbstauflösung, Vergänglichkeit und Wiederherstellung, Licht und Finsternis, Leib und Sinne, Gemüt, Gedächtnis, Ichsucht und Liebe, Neid und Begeisterung.

Tiefenphänomenologie: gegenwärtige Form ursprünglichen Philosophierens, die vom Nachvollzug des Tiefensinns der Erscheinungen (Signaturen) und durch sie zum Seinsgrund vorzustoßen versucht. Sie geht auf Jakob Böhme zurück. Für den Entstehungsprozess war die Auseinandersetzung mit den Vorsokratikern, Dante, Calderón, Kant, Goethe, der deutschen Romantik – insbesondere Baader, Novalis und Schelling – Hegel, Kierkegaard, Einstein, Heidegger, Rahner, Sartre und Thomas Bernhard von Bedeutung.

Tradition/tradieren: [*lat.*] »weitergeben, Weitergabe« von Lehren, Sitten und Gebräuchen, die einer Volksgruppe, Gemeinschaft usw. Sinn und Zusammenhalt verleihen.

Unendliches, Unendlichkeit, unendlich: Uneingeschränktheit nach Raum, Zeit, Mass und Zahl. In der griechischen Tradition wurde vornehmlich das Materielle, in der christlichen Gott so bezeichnet.

Urscheidung: vorzeitliches, Zeit erst begründendes Tiefenphänomen des Auseinandergehens der Ureinheit in Vielheit.

Urwesen: das ungreifbare, wohl aber erfahrbare Urleben, der Urgrund, aus dem Leben und Tod, Schöpfer und Geschöpfe, Zeit und Ewigkeit hervorgehen.

Urzeit: Gründungsgeschehen der Tiefenphänomene, die das Leben ermöglichen. Darüber wird in den Mythologien, in den Urphilosophien wie der Vorsokratik und in mystischen Lehren wie der Jakob Böhmes erzählt.

Wesen: sinngebende Grundbestimmung einer Sache oder eines Menschen, die mit dem Ort, an dem sie zu weilen hat, identisch ist und die sich aus der äußeren Verfasstheit (»Leib«) ergibt.

Zeit: innendynamische Selbsterfahrung eines Lebensprozesses.

Zeittafel

1543	Tod Nikolaus Kopernikus'.
1546	Tod Martin Luthers.
1575	Jakob Böhme wird als viertes Kind einer begüterten evangelischen Bauernfamilie in Alt-Seidenberg bei Görlitz geboren. Wegen schwächlicher Gesundheit wird er nach abgeschlossenem Schulbesuch zu einem Schuhmacher in die Lehre gegeben.
1576	Rudolf II. wird römisch-deutscher Kaiser.
1580/89	Böhmes Lehr- und Wanderjahre als Schuhmachergeselle. Erste mystische Erlebnisse.
1595	Henricus Khunrath, *Amphitheatrum sapientiae*. Spätblüte der Alchimie.
1596	René Descartes wird geboren.
1599	24. April: Böhme erwirbt das Bürgerrecht von Görlitz, kauft eine Schuhbank und wird in die Schuhmacherinnung aufgenommen. 10. Mai: Heirat mit Katharina Kuntzschmann, einer Metzgerstochter. 21. August: Erwerb eines Hauses vor dem Neißetor auf dem Töpferberg.
1600	Am 29. Januar wird Jakob, der erste Sohn, geboren. Fast gleichzeitig hat Böhme das große mystische Erlebnis beim Anblick eines zinnernen Gefäßes. In Rom wird Giordano Bruno (geb. 1548) als Ketzer verbrannt. Kepler teilt in »Astronomia Nova« (»Neue Astronomie«) seine Entdeckung des ersten und zweiten keplerschen Gesetzes mit. Danach beginnt er mit der Erstellung eines Tafelwerkes mit Sonnen-, Mond- und Planetenörtern, die nach Anwendung der 1614 neuentdeckten Logarithmen ausgearbeitet wird, aber erst 1627 nach vielen Schwierigkeiten in der Schrift »Tabulae Rudolphinae« erscheinen konnte. Johannes Kepler wird mit seiner Familie im Zuge der Gegenreformation aus Graz vertrieben und siedelt nach Prag über.
1610	Neuer Erleuchtungszustand. Böhme bezieht ein Haus zwischen den Neißetoren in der Görlitzer Altstadt. Durch Karl

Ender von Sercha lernt er Gedanken von Paracelsus (1493-1541), Kaspar von Schwenckfeld (1489-1561), Sebastian Frack (1499-1543) und Valentin Weigel (1533-1588) kennen.

Galileo Galilei (1564-1642) veröffentlicht in seinem »Sidereus nuncius« (»Sternenbotschaft«) seine Entdeckung der Trägheits- und Fallgesetze. Er tritt öffentlich für das heliozentrische Weltsystem des Nikolaus Kopernikus ein.

1612	Von Januar bis Pfingsten schreibt Böhme sein erstes Buch »Aurora oder Morgenröte im Aufgang«.

Matthias, der Bruder Rudolfs II., wird nach dessen Tod römisch-deutscher Kaiser.

1613	12. März Verkauf der Schusterbank.

Durch Abschriften von Karl Enders von Sercha wird die »Aurora« verbreitet. Sie gelangt auch in die Hände des Görlitzer Oberpfarrers Richter, der von der Kanzel gegen Böhme hetzt.

26. Juli: Verhaftung und kurze Inhaftierung durch den Magistrat. Das Buchmanuskript wird beschlagnahmt.

30. Juli: Glaubensverhör vor dem Oberpfarrer und Schreibverbot.

Galilei eröffnet in einem Brief an den Benediktiner B. Castelli seine Vorstellung über das Verhältnis der Bibel zur Naturwissenschaft und vor allem zum heliozentrischen Weltsystem. Erste Auseinandersetzung mit der römischen Kirche.

1614	Johann Valentin Andreae (1586-1654): »Fama Fraternitatis oder Brüderschaft des hochlöblichen Ordens des R.C. (Rosenkreuz); An die Häupter, Stände und Gelehrten Europae«.

Der schottische Mathematiker J. Napier entdeckt die Logarithmen.

1614/15	Bekanntschaft Böhmes mit dem Arzt Tobias Kober, dem Zolleinnehmer Christian Bernhard und Dr. Balthasar Walter, der ihn »Philosophus Teutonicus« nennt.
1615	Keplers Schrift »Nova stereometria doliorum vinariorum« (»Neue Stereometrie der Fässer«), in der er Flächen und Volumina mit Hilfe von Indivisibilien berechnet (keplersche Fassregel).

J. V. Andreae: »Confessio Fraternitatis«.

1616	Verbot der Verbreitung der heliozentrischen Lehre durch den Papst.

J. V. Andreae: »Chymische Hochzeit Christiani Rosencreutz. Anno 1459«.

1618 Auf Drängen seiner Freunde hält sich Böhme nicht mehr an das Schreibverbot.

Prager Fenstersturz. Beginn des Dreißigjährigen Krieges im Heiligen Römischen Reich Deutscher Nation.

Begegnung Descartes' mit J. Beekmann, der seine mathematischen und physikalischen Fragestellungen wesentlich anregte.

1619 Böhme schreibt sein zweites Buch »De tribus principiis, oder die Beschreibung der drei Prinzipien göttlichen Wesens«. Mit seiner Frau betreibt er einen Garnhandel; er ist geschäftlich viel unterwegs.

Keplers »Harmonice mundi« (»Weltharmonik«) teilt das dritte Keplersche Gesetz mit.

Der König von Böhmen und Ungarn, Ferdinand II., wird nach dem Tod Matthias' römisch-deutscher Kaiser. Kurfürst Friedrich V. von der Pfalz, Führer der protestantischen Union, wird in Böhmen zum König gewählt. Am 4. November zieht er in Prag ein und wird gekrönt. Jakob Böhme ist Zeuge dieses Einzuges.

J. V. Andreae »Christianopolis«.

1620 Besuch Böhmes bei Freunden. Krankheit und Erschöpfung. Neue Schriften: »De triplici vita hominis, oder Vom dreifachen Leben des Menschen«, »Vom irdischen und himmlischen Mysterium«, »Sex puncta mystica, oder Kurze Erklärung sechs mystischer Punkte«, »Psychologia vera, oder Vierzig Fragen von der Seelen«, »De incarnatione Verbi, oder Von der Menschwerdung Jesu Christi«, »Informatorium novissimorum, oder Unterricht von den Letzten Zeiten« (= 8. und 11. Sendbrief an Paul Kaym).

Schlacht am Weißen Berg bei Prag. Friedrich V. (»Winterkönig«) wird geschlagen und geächtet.

1621 Reise Böhmes nach Striegau, zahlreiche Gespräche und Disputationen. Weitere Schriften: »Sex puncta theosophica, oder Von sechs theosophischen Punkten«, »Erste Schutzschrift gegen Tilken«, »Trostschrift«, »Von vier Complexionen«, »Antistiefelius, oder Bedenken über Esaiä Stiefels Büchlein«, »Zweite Schutzschrift gegen Balthasar Tilken«.

Die protestantische Union löst sich auf. Beginn der katholischen Restauration. In Böhmen werden die Protestanten unterdrückt und verfolgt.

1622 Böhme reist nach Weichau, Glogau und Breslau. Treffen mit den Ärzten Freudenhammer und Göller. In Schlesien entsteht ein Freundes- und Schülerkreis um Böhme, zu dem Adelige und Ärzte gehören: Hans Siegismund von Schweinichen, Caspar von Fürstenau, Karl Ender von Sercha, Dr. Rothe, Dr. Rotschwitz. Um die Weihnachtszeit Disputation über »Praedestination oder Gnadenwahl« in Striegau. Werke: »De signatura rerum, oder Von der Geburt und Bezeichnung aller Wesen«, »Apologia betreffend die Vollkommenheit des Menschen«, »Vom Irrtum der Sekten Esaiae Stiefels und Ezechiel Meths«, »Von wahrer Buße«, »Von der neuen Wiedergeburt«, »Von der wahren Gelassenheit«, »Vom übersinnlichen Leben«, »Von göttlicher Beschaulichkeit«, »Mysterium Magnum, oder Erklärung über das Erste Buch Mosis (1. Teil)«.

1623 Reise nach Glogau und Breslau. Schriften: »Mysterium Magnum. (2. Teil)«, »Von der Gnadenwahl«, »De Poenitentia«, »Eine kurze Andeutung von dem Schlüssel zum Verstande göttlicher Geheimnisse«, »Von Christi Testamenten«, »Tabulae principiorum, oder Tafeln von den drei Prinzipien göttlicher Offenbarung«.

1624 Letzte Schriften: »Kurzer Extrakt der hochsinnlichen Betrachtung des Mysterii Magni«, »Gespräch einer erleuchteten und unerleuchteten Seele«, » Clavis, oder Schlüssel, das ist eine Erklärung der vornehmsten Punkte und Wörter, welche in diesen Schriften gebrauchet werden«, »Gebetbüchlein auf alle Tage in der Woche«, »Quaestiones theosophicae, oder Betrachtung göttlicher Offenbarung«.

Januar: Johann Siegismund von Schweinichen lässt Böhmes Werk »Der Weg zu Christo« bei Johann Rhamba, Görlitz, erscheinen.

März: Wegen dieser Veröffentlichung greift Oberpfarrer Gregor Richter Böhme in einem lateinischen Schmähgedicht, in Pamphleten und Hetzreden an. Verhandlung vor dem Magistrat. Böhme verteidigt sich mit zwei Schriften »Verantwortung an den Rat zu Görlitz« und »Schutzrede wider Gregorium Richter«. Er lässt sich aber einschüchtern und verlässt zeitweilig Görlitz.

Mai: Reise nach Dresden auf Einladung des kursächsischen

Hofes. Die Gespräche mit Regierungsbeamten und Offizieren haben aber nicht den erhofften offiziellen Charakter; die Audienz beim Kurfürsten fand nicht statt.

In Görlitz wird die Böhme-Familie von aufgehetzten Bürgern angegriffen.

24. August: Gregor Richter stirbt.

Im Herbst besucht Böhme zum letzten Male die Freunde in Schlesien.

7. November: Schwerkrank kehrt Böhme nach Görlitz zurück. Er wird von Freunden, insbesondere vom Görlitzer Arzt Tobias Kober, gepflegt. Auf dem Sterbebett muss Böhme erneut ein Glaubensverhör über sich ergehen lassen, bevor man ihn kommunizieren lässt.

17. November: Jakob Böhme, geworden *Philosophus Teutonicus,* stirbt in seinem Haus zwischen den Neißetoren auf dem Töpferberg zu Görlitz.

Oberpfarrer Nikolaus Thomas weigert sich, die kirchliche Beerdigung vorzunehmen. Tobias Kober erzwingt durch Stadtratsbeschluss die Durchführung des Trauergottesdienstes.

Ausschreitungen und Schmähungen beim Begräbnis. Der Pöbel schändet das Grab.

Literaturauswahl

Gesamtausgabe

Jakob Böhme: Sämtliche Schriften. Neudruck der Ausgabe von 1737 in 11 Bänden, begonnen von August Faust, neu hrsg. von Will-Erich Peuckert, Stuttgart-Cannstatt 1955-61.
Jakob Böhme: Die Urschriften. Im Auftrag der Akademie der Wissenschaften zu Göttingen, hrsg. von Werner Buddecke. Bd. I, Stuttgart 1963; Bd. II, Stuttgart 1966.

Einzelbände

Jakob Böhme: Von der Gnadenwahl. Hrsg. von Roland Pietsch. Stuttgart 1988.
Jakob Böhme: Aurora oder Morgenröte im Aufgang. Hrsg. und kommentiert von Gerhard Wehr. Frankfurt am Main 1992.
Jakob Böhme: Von der Gnadenwahl. Hrsg. und kommentiert von Gerhard Wehr. Frankfurt am Main 1995.

Studien zu Jakob Böhme

Einführungen

Böhme, G. (Hrsg.): Klassiker der Naturphilosophie. München 1989, 158-170.
Grunsky, H.: Jakob Böhme. (Frommans Klassiker der Philosophie XXXIX). Stuttgart 1956.
Jecht, R.: Die Lebensumstände Jakob Böhmes, in: Jakob Böhme. Gedenkgabe der Stadt Görlitz. Görlitz 1924.
Lemper, E.-H.: Jakob Böhme. Leben und Werk. Berlin-Ost 1976.
Peuckert, W.E.: Das Leben Jakob Böhmes. Jena 1924. 2. Aufl. in: Jakob Böhme, Sämtliche Schriften. Band 10. Stuttgart 1961.
Wehr, G.: Jakob Böhme in Selbstzeugnissen und Bilddokumenten. (Rowohlt Monographie 179) Reinbek 1971. 6. Aufl. 1991.

Einzeluntersuchungen

Anderson, Bo: Studien zu Jakob Böhmes Aurora oder Morgenröte im Aufgang. Stockholm 1986.

Benz, E.: Der vollkommene Mensch nach Jakob Böhme. Stuttgart 1937.

Benz, E.: Adam. Der Mythos vom Urmenschen. München-Planegg 1955.

Berdjajew, N.: Jakob Böhmes Lehre von Ungrund und Freiheit. In: Blätter für deutsche Philosophie 6. Berlin 1932.

Bornkamm, H.: Luther und Böhme. (Arbeiten zur Kirchengeschichte 2). Bonn 1925.

Deghaye, P.: La naissance de dieu ou la doctrine de Jakob Boehme. Paris 1985.

Faivre, A./ Zimmermann, R.C. (Hrsg.): Epochen der Naturmystik: Hermetische Tradition im wissenschaftlichen Fortschritt. Berlin 1979.

Hauck, W.A.: Oetinger und Jakob Böhme. In: Hauck. Das Geheimnis des Lebens. Naturanschauung und Gottesauffassung F. Chr. Oetingers. Heidelberg 1947.

Nigg, W.: Heimliche Weisheit. Mystisches Leben in der evangelischen Christenheit. Zürich 1959.; Olten-Freiburg 1975.

Pältz, E.: Jakob Böhmes Hermeneutik, Geschichtsverständnis und Sozialethik. Jena 1961.

Pietsch, R.: Die Dialektik von Gut und Böse in der »Morgenröte« Jakob Böhmes. Innsbruck 1975.

Richter, J.: Jakob Böhmes mystische Schau. Hamburg 1943. Neuausg. 1949.

Weiterführende und mit Böhme zusammenhängende literarische, philosophische und wissenschaftliche Abhandlungen

Angelus Silesius, Sämtliche poetische Werke. Hrsg. von H.L. Held. 3 Bde. München 1949-1952.

Baader, F. X. von: Sämtliche Werke. Neudruck der Ausgabe Leipzig 1851. Herausgegeben von Franz Hoffmann. Aalen 1963. Insbesondere Band II: Fermenta Cognitionis, Band III: Vorlesungen über J. Böhmes Theologumena und Philosopheme (S. 357-436), Band XIII: Privatvorlesungen über Jakob Böhmes Lehre mit besonderer Beziehung auf dessen Schrift »Von der Gnadenwahl« (S. 57-158) und Vorlesungen über die Lehre J. Böhmes mit besonderer Beziehung auf dessen Schrift »Mysterium Magnum« (S. 159-236).

Hamberger, J.: Die Lehre des deutschen Philosophen Jakob Böhme. München 1844.

Hankamer, P.: Jakob Böhme. Gestalt und Gestaltung. Bonn 1924.

Heidegger, M.: Vom Wesen des Grundes. In: Edmund Husserl zum 70. Geburtstag. Ergänzungsband zum Jahrbuch für Philosophie und phänomenologische Forschung. Halle (Saale) 1929.

Heidegger, M.: Unterwegs zur Sprache. Pfullingen 1959.

Jung, C.G.: Psychologie und Alchimie. Zürich 1944. Neuausg. 1952.

Jung, C.G.: Gestaltungen des Unbewussten. Zürich 1950.

Koyré, A.: La philosophie de Jakob Böhme. Paris 1929.

Koyré, A.: Die Gotteslehre Jakob Böhmes. In: Edmund Husserl zum 70. Geburtstag. Ergänzungsband zum Jahrbuch für Philosophie und phänomenologische Forschung. Halle (Saale) 1929.

Leisegang, H.: Denkformen. 2. Aufl. Berlin 1951.

Newton, I.: Philosophiae naturalis principia mathematica. 3. ed. 1726.

Novalis: Werke. Hrsg. und kommentiert von Gerhard Schulz. München 1969.

Oetinger, Fr. Chr.: Sämtliche Schriften, gesammelt und hrsg. von K. Chr. E. Ehmann. Stuttgart 1858 ff., eingeleitet und neu hrsg. von Erich Beyrether. Stuttgart 1977.

Oetinger, Fr. Chr.: Historisch-kritische Ausgabe, hrsg. von Gerhard Schäfer und Martin Schmidt. Berlin 1977 ff. I. Teil: Die Lehrtafel der Prinzessin Antonia. Bd. I/II. Hrsg. von Reinhard Breymeyer und Friedrich Häußermann. Berlin 1977.

Peip, A.: Jakob Böhme. Leipzig 1860.

Ritter, J.W.: Über die Physik als Kunst. München 1806.

Ritter, J.W.: Neue Beiträge zur näheren Kenntnis des Galvanismus und der Resultate seiner Untersuchung. Der Siderismus. Tübingen 1808.

Sánchez de Murillo, J.: Der Geist der deutschen Romantik. Der Übergang vom logischen zum dichterischen Denken und der Hervorgang der Tiefenphänomenologie. München 1986.

Sánchez de Murillo, J.: Über die Selbsterkenntnis des Menschen. Ein Dialog. München 1986.

Sánchez de Murillo, J.: Leben im Aufgang. München 1994.

Schelling, F.W.J.: Über das Wesen der menschlichen Freiheit. 1809. Reclam-Ausgabe Stuttgart 1968.

Schelling, F.W.J.: Über das Wesen der menschlichen Freiheit. 1809. Stuttgart 1968.

Schelling, F.W.J.: Die Weltalter. Erstes Buch (1813). In: Ausgewählte Werke. Schriften von 1813-1830. Darmstadt 1976.

Steiner, R.: Die Lehre des Jakob Böhme. Hamburg 1925.

Steiner, R.: Die Theosophie des Rosenkreuzes. 14 Vorträge Berlin 1911. 5. Aufl. Dornach 1962.

Steiner, R.: Geisteswissenschaftliche Grundlagen zum Gedeihen der Landwirtschaft. Dornach 1963.

Steiner, R.: Jakob Böhme (Berliner Vortrag vom 9.1.1913). In: Steiner, Ergebnisse der Geistesforschung. Dornach 1969.

Anmerkungen

Einleitung

1 Vgl. Paracelsus, Sämtliche Werke. 1. Abt.: Medizinische, naturwissenschaftliche und philosophische Schriften. Hrsg. von Karl Sudhoff. Berlin 1922-1933. Bd. 11, 163; René Descartes, Discours de la méthode (1637). Französisch-Deutsch. Hamburg 1960, 23. Hierzu Ernst Kaiser, Paracelsus. Reinbek 1993, 25 ff.

2 Johannes Kepler, Harmonices mundi. 1619. Vorrede.

3 Vgl. S. Hobhouse, Isaak Newton and Jakob Böhme. Belgrad 1937; Karl Robert Popp, Jakob Böhme und Isaak Newton. Diss. Leipzig 1935; Kurt Poppe, Über den Ursprung der Gravitationslehre. J. Böhme, H. More, I. Newton. In: Die Drei 23 (1964) 313-340; W. Struck, Der Einfluss Jakob Böhmes auf die englische Literatur des 17. Jahrhunderts. Berlin 1937; Ernst Benz, Schellings theologische Geistesahnen. In: Abhandlungen der Wissenschaft und Literatur. Mainz 1955; Serge Hutin, Les disciples anglais de Jakob Boehme. Paris 1960. Zur Wirkungsgeschichte Böhmes vgl. ferner Will-Erich Peuckert, Das Leben Jakob Böhmes. Jena 1924. (2. Aufl. in: Jakob Böhme, Sämtliche Schriften Bd. 10. Stuttgart 1961); Paul Hankamer, Jakob Böhme. Gestalt und Gestaltung. Bonn 1924; Alexandre Koyré, La philosophie de J. Böhme. Paris 1929; Hans Grunsky, Jakob Böhme. Stuttgart 1956; Gerhard Wehr, Jakob Böhme. Reinbek 1971.

4 Abraham von Franckenberg, Ausführlicher Bericht. In: Jakob Böhmes Sämtliche Werke. Band 10, Stuttgart 1961, 27.

5 Vgl. Curt Adler, Zur Feststellung der Geburtsstätte Jakob Böhmes in Altseidenberg. In: Neues Lausitzisches Magazin: Görlitz 1924. Bd. 100, 173-178; Richard Jecht, Jakob Böhme und Görlitz. Ein Bildwerk. Görlitz 1924; Ders., Die Lebensumstände Jakob Böhmes. In: Jakob Böhme. Gedenkgabe der Stadt Görlitz. Görlitz 1924.

6 Abraham von Franckenberg, a.a.O., 4.

7 Abraham von Franckenberg, a.a.O.

8 Aurora oder Morgenröte im Aufgang 23, 17.

9 Gerade, steif, straff.
10 Abraham von Franckenberg, a.a.O., 9.
11 Lat. iovialis = zu Jupiter (lat. auch Iovis) gehörig.
12 Abraham von Franckenberg a.a.O., 11.
13 Sehr.
14 Aurora oder Morgenröte im Aufgang 19, 9-12.
15 Aurora oder Morgenröte im Aufgang 19, 13.
16 Schema, Grundsatz, Lehre.
17 Sitz.
18 Aurora oder Morgenröte im Aufgang 22, 12-14.
19 Paul Hankamer schreibt zu diesem Thema: »Dass Böhme in seinem Denken und Begreifen seiner Vision verhaftet bleibt, dass alle Erkenntnis an die Gestalt gebunden ist, in der sie sich ihm ergab, kennzeichnet nichts weiter als dass er ein Seher und Künstler ist und nicht Wissenschaftler« (Jakob Böhme, Gestalt und Gestaltung. Bonn 1924, 112). Diese Bemerkung trifft nur dann zu, wenn man als wissenschaftlich allein die gängige, ober-flächige Form von Wissenschaft gelten lässt. Gerade diese Dimension verlässt Böhme, um in die Tiefe des Ursprungs zurückzugehen, die nur im Medium einer höheren Form von Wissenschaft wiedergegeben werden kann. Er bewegt sich in einer vorbegrifflichen Dimension, in der das Sein noch nicht auseinandergegangen ist. Hankamer müsste man eigentlich erwidern: Böhme ist weder Philosoph noch Theologe noch Wissenschaftler im gängigen Sinne. Er ist das geworden, was diese »Disziplinen« anstreben, ohne es erreichen zu können: ein Mensch, der sieht und hört, fühlt und denkt.
20 Aurora oder Morgenröte im Aufgang 24, 65 u. 66, 68 u.71.
21 Vgl. José Sánchez de Murillo, Vom Wesen des Weiblichen. In: Edith Stein Jahrbuch 2 (1996) 68-103.
22 Pfarramt.
23 Oberpfarrer.
24 Predigern.
25 Theosophische Sendbriefe 54, 6.
26 a.a.O.
27 Erfahren und gelernt.
28 Theosophische Sendbriefe 12, 7.
29 Unerfahren.
30 Theosophische Sendbriefe 10, 4.
31 Theosophische Sendbriefe 10, 6.

32 Theosophische Sendbriefe 12, 13.

33 Theosophische Sendbriefe 4, 38-39.

34 Theosophische Sendbriefe, 20, 36.

35 Aus diesem Grund sind Geltungs- und Machtsucht, Eifersucht und Neid nicht als moralisch negative Eigenschaften, sondern als anthropologische Tiefenphänomene zu betrachten, die für das Verständnis der Menschenwelt entscheidend sind. Vgl. José Sánchez de Murillo, Fundamentalethik. München 1988, insb. 62 ff.

36 Theosophische Sendbriefe 10, 10 bis 12.

37 Mit Ausnahme von Der »Weg zu Christo«, das einige Monate vor seinem Tode (1624) bei Johann Rhamba zu Görlitz erschien.

38 Theosophische Sendbriefe 73, 3-4.

39 Theosophische Sendbriefe 65, 3.

40 Der Brücke.

41 Theosophische Sendbriefe 66, 8-9.

42 Schmähschrift.

43 Theosophische Sendbriefe 55, 8.

44 Theosophische Sendbriefe 55, 17.

45 Aurora oder Morgenröte im Aufgang 22, 105.

46 Allgemeine.

47 De Signatura rerum oder Von der Geburt und Bezeichnung aller Wesen 10, 10.

48 Theosophische Sendbriefe 50, 7.

49 Pastor.

50 Theosophische Sendbriefe 53, 7-9.

51 Schutzrede wider Gregor Richter, 18, 51, 65.

52 Wie oben.

53 Theosophische Sendbriefe 61, 14.

54 Oberaufseher.

55 So im Original. Gemeint ist wahrscheinlich Rede.

56 Theosophische Sendbriefe 63, 3-5.

57 Theosophische Sendbriefe 63, 9-10.

58 Ausführlicher Bericht, a.a.O., 29.

59 Gemeint ist Ludwig Feuerbach.

60 Friedrich Wilhelm Joseph Schelling, Philosophie der Offenbarung. 1858. 7. Vorlesung. Der Einfluss Böhmes war schon bei der Verfassung der Schrift »Über das Wesen der menschlichen Freiheit« (1809) bestimmend. »Die Weltalter« (1813) stellen einen Kommentar zu den »Sieben Gestalten der Ewigen Natur« dar. Schelling folgt dabei insbesondere Mysterium Magnum.

– Das Gesamtwerk des reifen Baaders kann als eine tiefsinnige Exegese der böhmeschen Mystik betrachtet werden.

61 Theosophische Sendbriefe 10, 7 u. 9.

62 Reine.

63 Bedeutung.

64 Empfindsamkeit, das Vermögen zu empfinden.

65 Gegensatz.

66 Gestaltungskraft des Urlebens.

67 Quaestiones theosophicae. Die 3. Frage, 2-3.

68 Vgl. C.G. Jung, Psychologie und Alchemie. Zürich 1944 – Neuausgabe 1952; ders., Gestaltungen des Unbewussten. Zürich 1950.

69 Wie schwierig der Zugang zur Urdimension ist, in der Böhme lebt, zeigen etwa E. Benz, Zur metaphysischen Begründung der Sprache bei Jakob Böhme. In: Euphorion 37 (1936) 340-357; Wolfgang Kayser, Böhmes Natursprachlehre und ihre Grundlagen. In: Euphorion 31 (1930) 521-562; Eberhard H. Pältz, Zum pneumatischen Schriftverständnis Jakob Böhmes. In: Kirche, Theologie, Frömmigkeit. Festschrift für G. Holtz. Berlin 1965, 119-127. M.E. liefert Jakob Böhme keine metaphysische Begründung der Sprache noch versteht er die Schrift »pneumatisch«. Diese Unterscheidungen gehören in eine spätere Dimension. Böhme hört die Sprache aus der Tiefe ihrer Urgestaltung heraus und erkennt darum die Identität zwischen Wort und Ding. Nur so ist die wahrhaft verblüffende Tatsache zu verstehen, dass Böhme, der nie Hebräisch gelernt hatte, Deutungen zu den Worten Jahwe, Jehova, Adonai usw. leisten konnte, die Schelling, der Hebräisch konnte, in seinen Vorlesungen über die Philosophie der Offenbarung wortwörtlich übernimmt.

70 Die Erneuerung der Wissenschaft, die aus dem entstehen kann, was Jakob Böhme »Mutter« nennt, habe ich unter dem Namen *Tiefenphänomenologie* im Hinblick auf die gegenwärtige Realität wiederzugeben versucht. Angezielt ist darin, jene gemeinsame Wurzel der Seiendheit zu erreichen, aus der das Seiende in seiner qualitativen Jeweiligkeit hervorgeht. Angezielt ist dabei aber vor allem, das Seiende als Lebendiges zu sehen. Es geht um die Urdynamik des Seins. Thema der Tiefenphänomenologie sind daher vorzeitliche Urphänomene, welche die positive oder negative Gestaltung des Seinslebens ermöglichen wie etwa Ungrund und Samen, das Weibliche und das

Männliche, Zeugen und Gebären, Entstehen, Vergehen und Sterben, Selbstauflösung und Regeneration, Leib, Sinne und Gemüt, Gedächtnis, Machtsucht und Liebe, Neid und Begeisterung usw. Dabei ist die Entwicklung der Fähigkeit entscheidend, die Stimme der Phänomene zu hören, aus der äußeren Verfasstheit der Menschen und der Dinge (aus der »Signatur«, wie Böhme es ausdrückt) ihre Urbestimmung herauszulesen. Es geht in der Tiefenphänomenologie um eine »Weltlektüre«, die den Sinn der Buchstaben des Geistes öffnet, den geistigen Leib der Phänomene ent-deckt. So können die Konstitutionsprozesse der Wirklichkeit bis in den Alltag hinein ursprünglich erhellt und eine auf Zusammenarbeit zielende Verbindung zwischen den Wissenschaften hergestellt werden. Vgl. José Sánchez de Murillo, Der Geist der deutschen Romantik. Der Übergang vom logischen zum dichterischen Denken und der Hervorgang der Tiefenphänomenologie. München 1986.

71 Wesen steht im Zusammenhang mit Anwesen und bedeutet bei Böhme grundsätzlich sein als sich aufhalten, wohnen, verweilen, geschehen, dabei sein (lat. adesse).
72 Dem lebendigen Grund.
73 Durch den Ursprung.
74 Gestaltung.
75 De Signatura rerum 1, 1-2.
76 Inqualieren leitet sich von Quelle ab. Der obige Satz bedeutet: Im Ursprung zusammenkommen.
77 De Signatura rerum oder Von der Geburt und Bezeichnung aller Wesen 1, 4.
78 De Signatura rerum 1, 5.
79 De Signatura rerum 1, 8.
80 De Signatura rerum 1, 16-17.
81 Tabulae principiorum oder Tafeln von den drei Prinzipien göttlicher Offenbarung, 12.
82 De Signatura rerum 1, 15-16, 7.
83 De Signatura rerum 7, 63 bis 66.
84 Unruhe.
85 De Signatura rerum 9, 59-60.

Ausgewählte Texte

Kapitel 1-9

1 Bemüht.
2 Kreisbogen.
3 Abgesondertes.
4 Nicht vernunftbegabten.
5 Die fehlenden Abschnitte 9-13 wurden in der Einleitung auf Seiten 22-23 angeführt.
6 Von animus = Lebenshauch.
7 Lat. Ort.
8 Das, was den Gestirnen entspricht oder von ihnen beeinflusst wird.
9 Siehe oben S. 54 bzw. 55.
10 Kunstvoll, erhaben.
11 1. Finsternis, finstere Welt als Lebensursprung, 2. Licht, englische Welt als Lebensursprung, 3. diese beiden in der sichtbaren Welt.
12 Es werde.
13 Siehe oben S. 56.
14 Bildet.
15 Geht hervor.
16 Von lat. qualis: so beschaffen sein.
17 Desgleichen.
18 Mhd. ruch »Duft, Ausdünstung«.
19 Damit das sichtbare Bild verstanden wird.
20 Böhme leitet Scienz von »ziehen« ab, lässt aber auch die lateinische Bedeutung von scientia (Wissenschaft) mitklingen. Es bedeutet das Ein-ziehen eines Wesens, das zum Heraustreten (Geburt) führt. Wenn der Mystiker dieses Phänomen in der Tiefe schaut, öffnet sich ihm eine Naturstufe – diejenige nämlich, in welcher dieses Tiefenphänomen erstmalig in der Zeit erschien: das Pflanzliche. Vgl. unten die zweite Gestalt der ewigen Natur.
21 Das Vermögen zu empfinden und zu fühlen; die Fähigkeit, sich zu finden, d.h. sich als etwas anderes als die Umgebung wahrzunehmen.
22 Lat. Seiendes, hier Wesen als Anwesen.
23 Erinnerung.
24 Qualität im endlichen Sinne.

25 Auch.
26 Klugheit.
27 Angeblich.
28 Vermutlich die Amtskirche seiner Zeit (im Singular).
29 Sackförmiges Fangnetz.
30 Ganz besonders.
31 Irgendeinen.
32 Alleiniger, einziger.
33 Schöpfung.
34 Keine Natur, kein Wesen habend.
35 Nicht erschaffene.
36 Das weibliche Moment im göttlichen Selbstgeburtsprozess.
37 De Electione gratiae oder Von der Gnaden-Wahl. Vorrede 1;
   1, 1-6; 2, 11.
38 Außerhalb von.
39 De electione gratiae oder Von der Gnadenwahl 1, 19-20, 22-23.
40 Mysterium Pansophicum. Der erste Text.
41 Quaestiones theosophicae oder Betrachtung göttlicher Offenbarung. Die 2. Frage, 1.
42 Mein Herr. Bezeichnung, die im Hebräischen statt Jahweh
   gebraucht wird.
43 Tabulae principiorum. Erklärung der Tafel der drei Prinzipien
   6, 8, 15-18, 20, 21.
44 Tabulae principiorum 9.
45 Kreis, Umkreis.
46 Wesenhafte.
47 Ebda.
48 Impuls, der Schauen, Fühlen usw. möglich macht.
49 Sinne.
50 Inneres, »geistiges« Schauen, Fühlen, Hören, Riechen, Schmek-
   ken. Ontologische Tiefenphänomene.
51 D.h. noch nicht auf Körperebene erschaffen.
52 Vor-körperlicher.
53 De electione gratiae oder Von der Gnadenwahl 2, 9-10.
54 So im Original; nicht Liebes-Spiel, das ein anderes, abgeleitetes
   Phänomen meint.
55 De electione gratiae oder Von der Gnadenwahl 1, 10 bzw. 2,
   22 u. 28.
56 Mysterium Magnum 1, 6-7.
57 Mysterium Magnum. Vorrede 3.

1   Irgendeine.
2   Aurora oder Morgenröte im Aufgang 13, 71-72; 23, 16-18.
3   Es ist nicht so zu verstehen.
4   Zusammenhält, erstarren lässt.
5   Hölzern.
6   Mysterium Magnum 6, 22 u. 24.
7   Theosophische Sendbriefe 47, 6.
8   Das unbewegliche Jetzt.
9   Mysterium Magnum 16, 22.
10 Ausgewogenheit.
11 Teilchen.
12 De electione gratiae oder Von der Gnadenwahl 3, 40.
13 De electione gratiae oder Von der Gnadenwahl 3, 3.
14 Theosophische Sendbriefe 47, 18, Tabula II, 1.
15 De electione gratiae oder Von der Gnadenwahl 3, 7.
16 Quall: emporquellende Wassermenge; quellen: hervordringen, sprudeln.
17 De electione gratiae oder Von der Gnadenwahl 3,4.
18 Die Pflanzenwelt förderndes.
19 Subtile Kräfte, die aus dem 1. und 2. Principium in die äußere Welt (3. Principium) wirken.
20 Theosophische Sendbriefe 47, 18, Tabula II, 2.
21 Im vorzeitlichen Geschehen der ewigen Natur.
22 Clavis oder Erklärung der vornehmsten Punkte und Wörter, 140-143.
23 Clavis oder Erklärung der vornehmsten Punkte und Wörter, 46.
24 Mysterium Magnum 3, 14-16.
25 Aus der Angst entsteht, wenn man es der Essenz nach betrachtet.
26 Weltgeist.
27 Theosophische Sendbriefe 47, 18. Tabula II 3.
28 Von der Gnadenwahl 3, 12.
29 Die Verschlossenheit der Ichheit, wo die Finsternis wohnt.
30 In ihrer Materialität (nicht ihrem Wesen bzw. Geist nach).
31 Himmlische Erde.
32 Geistige Wirksamkeit, welche die Idee Wirklichkeit werden lässt. Böhme definiert sie so: »Tinctur ist das Sprechen des Wortes (Verbum in actu)« (Clavis oder Erklärung der vornehmsten Punkte und Wörter, XVI).

33 De signatura rerum oder Von der Geburt und Bezeichnung aller Wesen 14, 27-29.
34 Mit Verstand begabte.
35 Theosophische Sendbriefe 47, 18. Tabula II, 4.
36 Welt der Engel, Stufe zwischen den Ideen und der materiellen Welt.
37 Mysterium Magnum 4, 2-3.

Kapitel 15-18

1 Qual.
2 Reiner.
3 Quaestiones theosophicae, 3. Frage, 16 bis 21.
4 Sichtbare.
5 Theosophische Sendbriefe 47, 18, Tabula II, 5.
6 De signatura rerum oder Von der Geburt und Bezeichnung aller Wesen 14, 32.
7 »Sichtbare«, vernehmbare.
8 Sinne.
9 Theosophische Sendbriefe 47, 18. Tabula II, 6.
10 Clavis oder Schlüssel, das ist Eine Erklärung der vornehmsten Punkte und Wörter, welche in diesen Schriften gebrauchet werden. XIV. Clavis specialis. Das 2. Prinzip.
11 Von »greifen«, »anfassbar«, Leib geworden.
12 Clavis oder Schlüssel, das ist Eine Erklärung der vornehmsten Punkte und Wörter, welche in diesen Schriften gebrauchet werden. XIV. Clavis specialis. Das 2. Prinzip.
13 Beschützender Behälter.
14 Geistiges Blut, Seele.
15 Flüssigkeit, Trägersubstanz.
16 Theosophische Sendbriefe 47, 18. Tabula II, 7.
17 Schwefel-haltige.
18 Geistiger Leib, der als Kern der groben Erscheinungsform zu betrachten ist.
19 Festen.
20 Einbildungskraft als höchste geistige Kraft.
21 Durchtränkt.
22 Rein, lauter, unvermischt.
23 Urstoff, Leim.
24 Durchdrungen von seinem geistigen, »fixen« Leib.
25 Besonders.

26 Leib als Wesenheit betrachtet.
27 Vorsorge.
28 Mysterium Magnum 16,3-13.
29 Zusammenkunft, Verbindung.
30 Diese Schreibweise des Namens Eva ist wichtig. Das »H« spricht das Hauchen aus, das die reine Gestalt gebiert.
31 Mysterium Magnum 18, 1-4.
32 De signatura rerum oder Von der Geburt und Bezeichnung aller Wesen 12, 31.

Reise zum Ursprung des Menschen

192 Seiten. Zahlr. z. T. farb. Illustr.
v. Cordula Hesselbart. Gebunden
ISBN 3-466-20426-7

Der Autor skizziert eine kosmische Schöpfungs-spiritualität, die alle Menschen auf der Suche nach dem Sinn verbindet.

Kösel-Verlag München   online: www.koesel.de